AF403077

SOCIÉTÉS ANONYMES PAR ACTIONS

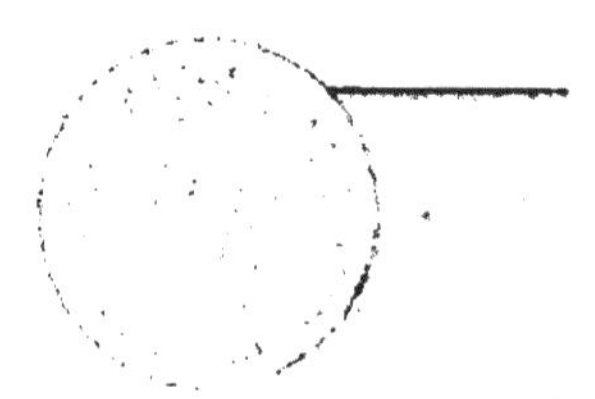

CHAPITRE Ier

DE LA CONSTITUTION DES SOCIÉTÉS ANONYMES

« La société anonyme n'existe point, dit l'article 29 du code de commerce, sous un nom social ; elle n'est désignée par le nom d'aucun des associés ; » — et l'article 30 ajoute : « elle est qualifiée par la désignation de l'objet de son entreprise. » C'est pourquoi l'article 64 de la loi du 24 juillet 1867 exige que dans tous les actes, factures, annonces, publications et autres documents imprimés ou autographiés, émanés de ces sortes de sociétés, la dénomination sociale soit toujours précédée ou suivie immédiatement de ces mots écrits lisiblement en toutes lettres : *Société anonyme*, et l'énonciation du montant du capital social, et punit d'une amende de 50 francs à 1,000 francs toute contravention à ces dispositions.

Le premier devoir du fondateur d'une société anonyme est de rédiger les statuts de la société future ou un prospectus contenant les clauses principales de l'acte de société.

Nous croyons que c'est sagement que la loi nouvelle voudrait obliger que, préalablement à la souscription publique des actions d'une société, le fondateur publiât, dans une publication spéciale affectée aux actes des sociétés, le projet du pacte social; — que chaque bulletin de souscription contînt l'indication sommaire de l'objet de la société, le montant du capital, la partie du capital social représentée par des apports en nature, la partie du capital à réaliser en espèces, les avantages particuliers réservés aux fondateurs ou à tout autre personne et la date de la publication du projet de statuts; — que les affiches, prospectus, insertions dans les journaux, circulaires, etc., continssent les mêmes indications; le tout sanctionné par une responsabilité civile ou pénale, soit contre les auteurs de l'omission totale ou partielle des indications prescrites, soit contre ceux qui leur auraient sciemment prêté leur concours.

Qui ne sait à quelles exagérations du prospectus, à quelles fantasmagories de la réclame, on a trop souvent recours pour faire réussir une souscription. — « Or, s'il est impossible, a dit avec raison M. Bozérian (1), d'empêcher complètement ces pratiques, qui, grâce à l'habileté des lanceurs d'affaires, parviennent à échapper à la police correctionnelle, il est du moins possible d'exiger que les provocations publiques adressées aux souscripteurs soient accompagnées de renseignements qui permettent à ceux-ci, s'ils veulent y faire attention, de se rendre bien compte des principales conditions d'organisation de la société dont ils vont devenir actionnaires. »

Du nombre des associés.

La loi du 24 juillet 1867 (art. 23) exige le nombre de sept personnes pour constituer une société anonyme.

On s'est demandé pourquoi, dans les sociétés anonymes, le nombre des associés ne pouvait être inférieur à sept; pourquoi ce nombre n'était pas laissé à la libre volonté des parties, puisque, aux termes de l'article 1832 du code civil, qui s'ap-

---

(1) Rapport de M. Bozérian fait au nom de la commission chargée d'examiner le projet de loi sur les sociétés, p. 30.

plique tout aussi bien aux sociétés commerciales qu'aux sociétés civiles (art. 18 du code de commerce), « la société est un contrat par lequel deux ou plusieurs personnes conviennent de mettre quelque chose en commun, dans la vue de partager le bénéfice qui pourra en résulter. »

Il est certain qu'au point de vue du fonctionnement de ces sociétés, rien ne s'opposerait à ce que ce nombre fût réduit au chiffre strictement indispensable pour l'existence d'une association, c'est-à-dire à deux, puisque le nombre des administrateurs peut être réduit à un (art. 14) et que les commissaires peuvent ne pas être pris parmi les associés (art. 24).

Mais il faut qu'une société anonyme présente un corps, une surface qui soit de nature à éveiller l'attention des tiers, à empêcher toute méprise et prémunir le public contre la confusion, possible à raison du petit nombre des associés, avec la société en commandite ou en nom collectif; c'est pourquoi le législateur de 1867 a fixé un minimum d'associés. Il a choisi le nombre *sept* parce que c'est celui que désignait la loi de 1863, laquelle l'avait emprunté à la loi anglaise du 7 août 1862.

Déjà, pour justifier le nombre de dix associés, qui était proposé lors du vote de la loi de 1863, voici comment s'exprimait l'exposé des motifs :

« Les sociétés à responsabilité limitée ont un objet sur lequel il ne faut pas se méprendre et dont on ne doit pas souffrir qu'elles s'écartent : elles sont instituées pour favoriser, dans l'intérêt des opérations ordinaires du commerce et de l'industrie, les associations de capitaux.

« Or, une société entre moins de dix associés sera, la plupart du temps fondée sur les convenances personnelles de ceux qui voudront l'établir et pour les satisfaire ils pourront employer la forme de la société en nom collectif ou de la société en commandite.

« Lorsqu'une somme inférieure à 200,000 francs sera assez considérable pour fournir l'aliment nécessaire aux opérations sociales, les procédés qui sont maintenant en usage seront assez puissants pour constituer un pareil capital.

« Enfin, s'il s'agit de travaux et de spéculations auxquels il soit indispensable de consacrer un capital supérieur à dix millions, on sera évidemment en dehors des opérations d'intérêt privé, objet habituel de l'activité commerciale ou industrielle, et l'on devra recourir, soit à la société anonyme, soit à la société en commandite par actions.

Ce chiffre de sept ayant été, lors de la discussion de la loi de 1807, taxé de fantaisiste par M. Ernest Picard, voici la réponse que lui fit M. Mathieu :

« Dans la loi anglaise de 1862, on trouve une disposition exactement semblable... Pourquoi cela ? — Parce que, avec une intelligence pratique à laquelle l'honorable M. Picard, je l'espère, rendra hommage, la loi anglaise, et plus tard la la loi de 1863, ont compris qu'une société anonyme composée de moins de sept personnes, représentant en presque totalité l'administration de la société, ressemblerait trop, dans ses relations avec les tiers, à une société en nom collectif, leur ferait illusion sur sa véritable nature et pourrait les engager ainsi dans une confiance trompeuse : car les tiers, après avoir cru sur l'apparence, traiter avec une société de personnes indéfiniment responsables, se trouveraient en face d'une société anonyme c'est-à-dire d'une responsabilité limitée au capital social. »

Ce chiffre de sept associés est celui qui a été adopté par la loi belge du 18 mars 1873 (art. 29, maintenu par la loi du 22 mai 1886), par le code de commerce du Venezuela (art. 186) et par les Joint Stocks companies acts de l'Angleterre.

Il résulte de l'article 209, § 6 du code de commerce allemand qu'il faut au moins *trois* actionnaires pour former une société par actions, « le contrat de société devant spécialement déterminer l'établissement d'un conseil de surveillance d'au moins trois membres, élu parmi les actionnaires » ; mais le code de commerce allemand ne contient pas d'autres dispositions sur le nombre minimum d'associés nécessaires pour créer une société par actions. Un nouveau projet, dont le parlement allemand est actuellement saisi, exige un minimum de cinq associés.

Le code fédéral Suisse : *Des obligations*, exige indirectement un minimum de six associés, car il résulte de la combinaison des articles 640, 649 et 655 que cinq actionnaires au moins sont nécessaires pour former une société par actions, sans compter un ou plusieurs administrateurs pris parmi les associés.

Le code Hongrois de 1875 et le nouveau code de commerce Italien ne fixent aucun minimum.

Le fondateur qui, bien qu'aucune action ne lui soit attribuée en représentation de son apport, aurait droit à une part dans les bénéfices, aurait un intérêt direct à la prospérité de la société et à la réussite de l'affaire qui en est l'objet, ce fondateur devrait être considéré comme associé ; en conséquence serait régulièrement constituée la société fondée par six actionnaires et cet apporteur (1).

De la division du capital social.

D'après la loi de 1867, article 1er, les sociétés par actions ne peuvent diviser leur capital en actions, ou coupons d'actions, de moins de cent francs, lorsque ce capital n'excède pas 200,000 francs, et de moins de cinq cents francs, lorsqu'il est supérieur.

Cette défense de créer des actions de moins de 500 francs, quand le capital est supérieur à 200,000 francs, a été inspirée, lors du vote de la loi de 1867, par le désir de rendre les spéculations moins faciles et d'empêcher les majorations.

Ces considérations ont été combattues en 1884, au sein de la commission du Sénat (2) par les arguments suivants :

S'il est vrai que les spéculations sont fort à craindre, lorsque le capital d'une société est supérieur à 200,000 francs, elles le sont beaucoup moins lorsqu'il est inférieur ; en outre, l'impossibilité de réduire la valeur des actions au dessous de cent francs a pour résultat d'empêcher la formation de petites sociétés dignes d'un sérieux intérêt ; ne pouvant adopter la forme de l'anonymat à capital fixe, elles sont obligées d'adopter la forme de l'anonymat à capital variable ; car, dans ce cas, la valeur des actions peut, d'après la loi de 1867, être abaissée à 50 francs. Mais cette variabilité du capital est une cause de discrédit pour les sociétés qui adoptent cette forme ; d'où suit que beaucoup préfèrent adopter la forme de l'anonymat à capi-

----

(1) Paris, 13 janvier 1882, *Revue de droit commercial*, 1882, 2e partie, p. 112.

(2) Rapport de la commission du Sénat, en 1884.

tal fixe. Aussi, tout en maintenant le principe, la commission du Sénat a pensé qu'il convenait de changer le fractionnement et a proposé une modification à la loi de 1867 admettant que le capital social pourrait être divisé en actions ou coupures d'actions (1) de 50 francs, lorsque ce capital n'excèderait pas 100,000 francs; en actions de 100 francs lorsque le capital serait supérieur à 100,000 francs et n'excèderait pas 200,000 francs; en actions de 500 francs, lorsqu'il serait supérieur (2).

Le code de commerce allemand impose également à l'action un montant minimum, toutefois avec cette différence qu'il se base, non sur le montant du capital social, mais sur la nature des titres ou sur l'objet de la société. Ainsi, après avoir dit, dans l'article 207, § 2 que le capital social se partage en actions ou en coupures d'actions; que les actions ou coupures d'actions sont indivisibles et qu'elles peuvent être au porteur ou nominatives, l'article 207 décide que « les actions ou coupures d'actions doivent, quand elles sont nominatives, être d'un montant d'au moins 50 thalers; et quand elles sont au porteur, d'un montant d'au moins 100 thalers. Dans les sociétés d'assurances, les actions ou coupures d'actions, même nominatives, doivent être d'un montant d'au moins 100 thalers. Les actions ou coupures d'actions d'un montant moins élevé sont nulles. »

La loi belge se contente de dire que : « Les actions peuvent être divisées en coupures, qui, réunies en nombre suffisant, confèrent les mêmes droits que l'action. »

Le code de commerce italien et la loi anglaise sont muets à ce sujet.

---

(1) Le mot *coupures* d'actions est préférable au mot *coupons* employé par la loi de 1867. Quoique le mot de coupons ait été employé avec cette signification dans l'article 34 du code de commerce, il désigne, dans le langage usuel, les portions d'intérêts ou de dividendes que l'actionnaire ou l'obligataire est appelé à recevoir, au lieu que le mot *coupures* veut dire fragment d'actions; il convient donc de mettre la langue du droit en harmonie avec la langue de la pratique.

(2) Art. 3 du projet de loi adopté par le Sénat dans la séance du 19 novembre 1881.

De la souscription de la totalité du capital.

Les sociétés anonymes ne peuvent être définitivement constituées qu'après la souscription de la totalité du capital et le
versement en espèces par chaque actionnaire du quart au
moins du montant des actions par lui souscrites (art. 1er, § 2).

Il faut donc que le capital social soit souscrit en entier (1).

Tant que le capital annoncé comme nécessaire n'est pas
souscrit, la société n'est pas constituée, les opérations ne peuvent être commencées, ni les actions délivrées aux souscripteurs (2).

Si le capital n'était couvert qu'en partie, pourrait-il être réduit au montant des actions réellement souscrites? — Non,
car ce serait déroger à la disposition de la loi qui veut que le
capital social soit souscrit en entier (3).

La souscription aux actions d'une société en formation peut
être déclarée close aussitôt que le capital demandé au public
est souscrit, si d'ailleurs aucune date n'a été fixée pour la clôture de la souscription (4).

Il est nécessaire que la souscription soit certaine, irrévocable,
complète et telle que rien ne puisse amoindrir, dans une mesure quelconque, si minime soit-elle, le capital gage des créanciers de la société ; aussi, la clause qui réserverait à un souscripteur la faculté de se libérer de son engagement en abon-
donnant la somme qu'il aurait déjà versée, ne pourrait-elle être
opposée, ni aux autres associés, ni à la société (5).

L'émission du capital social ne peut pas avoir lieu par séries

---

(1) D'après les lois anglaises, la société peut être enregistrée et commencer
à fonctionner avant que son capital soit souscrit, du moment que sept personnes ont signé l'acte et souscrit au moins une action.

(2) Paris, 2 mars 1883 (*Revue de droit commercial*, 2e partie, 1883, p. 145.

(3) Paris, 24 mars 1859 (D. P., 59.2.116.)

(4) Lyon (1re ch.), 19 juillet 1882 (*Journal des sociétés*, 1884, p. 35). —
Il en est de même en Italie.

(5) Paris, 16 janvier 1862 (D. P., 62.2.81.)

successives. Ces émissions seraient contraires à la disposition de la loi qui exige la souscription du capital social préalablement à la constitution de la société.

Le fait, par une personne de laisser sans réponse l'avis qu'elle a été porté pour une ou plusieurs actions, sur la liste des souscripteurs, ne saurait l'engager (1).

La preuve de la souscription peut résulter du fait par une personne d'avoir été portée sur la liste des souscripteurs ou de la correspondance de la société.

En pareil cas, l'inscription sur la liste annexée aux statuts se trouverait suffisamment confirmée (2).

La preuve d'une souscription à des actions d'une société peut encore s'établir à l'aide de présomptions jointes à un commencement de preuve par écrit. Ce commencement de preuve peut résulter d'un bulletin de souscription à des actions d'une précédente société qui n'est pas définitivement constituée, mais dont les éléments ont servi à la constitution de la société dont il s'agit (3).

Quoiqu'il en soit, bien que la preuve d'un engagement de souscription puisse se faire dans les conditions ordinaires et que, dans la constitution des sociétés anonymes, l'emploi des bulletins de souscription, généralement adopté comme mesure d'ordre, ne soit pas prescrit par la loi, nous ne saurions trop recommander aux banquiers émetteurs d'actions, ainsi qu'aux fondateurs, de faire signer des bulletins de souscription, contenant: 1° l'indication sommaire de l'objet de la société; — 2° le montant du capital social; — 3° la partie du capital social représentée par les apports en nature; — 4° la partie du capital à réaliser en espèces; — 5° les avantages particuliers réservés aux fondateurs ou à toute autre personne. Ces énonciations sont suffisantes, sans être de nature à rendre trop difficile à lire et trop long le bulletin de souscription, et ceux qui

---

(1) Cassation, 25 mai 1870 (*Recuedde droit commercial*, 2ᵉ partie 1872, p. 248).
(2) Paris, 3 août 1868.
(3) Cassation, 29 décembre 1882 (*Le Droit*, 21 décembre 1882.)

les auront signés, alors qu'ils avaient tous les documents propres à les éclairer, seront moins dignes de pitié si l'affaire ne réussit pas au gré de leurs désirs, nous ne disons pas s'ils sont trompés.

Du reste, c'est là une précaution imitée de la loi belge des 18 mai 1873 et 22 mai 1886 ; en effet l'article 31 décide que :

« La société peut aussi être constituée au moyen de souscriptions ; que l'acte de société est *préalablement* publié à titre de projet ; que les souscriptions doivent être faites en double et indiquer : la date de l'acte authentique de société et de publication, l'objet de la société, le capital social et le nombre d'actions, les apports et les conditions auxquelles ils sont faits ; les avantages particuliers attribués aux fondateurs, le versement sur chaque action d'un dixième au moins de la souscription et qu'elles contiennent convocation des souscripteurs à une assemblée qui sera tenue dans les mois pour la constitution définitive de la société. »

De même la loi italienne (art. 130) dit que :

« Les souscriptions doivent être recueillies sous un ou plusieurs exemplaires du programme des fondateurs ou du projet de statuts de la société. Elles doivent indiquer le nom et le prénom ou la raison de commerce et le domicile de celui qui souscrit, le nombre en toutes lettres des actions souscrites et la date de souscription et exprimer clairement la déclaration que le souscripteur connaît et accepte le programme ou le projet de statut. Les souscriptions peuvent aussi résulter de lettres écrites par les souscripteurs aux fondateurs contenant les indications susdites et spécialement la déclaration expresse que le souscripteur connaît et accepte le programme ou l'acte constitutif ou le statut de la société à laquelle il souscrit. »

La loi allemande de 1884 (art. 209) dispose également que :

« La souscription doit être faite en double sur des formulaires contenant : la date et les principales dispositions du statut ; les noms, professions et domiciles des fondateurs ; le prix d'émission et le montant des versements fixés ; le terme dont l'évènement délie les souscripteurs, si la constitution de la société n'a pas été résolue plus tôt. »

L'absence de la mention *bon pour*, avec l'indication de la somme en toutes lettres, sur un bulletin de souscription, ne constitue qu'une nullité relative, couverte par l'exécution même partielle de l'engagement pris lorsque le souscripteur, a connu exactement le montant de la somme portée au bulletin de souscription. Ce bulletin peut être admis comme commencement de preuve par écrit (1).

La fictivité des souscriptions et le défaut de versement du quart ne peuvent s'induire uniquement de la position de fortune médiocre des souscripteurs, alors que les bulletins de souscription, écrits de mains différentes, ne relèvent aucune irrégularité matérielle et que le versement du quart a été opéré par les souscripteurs (2).

La succession d'une personne décédée, titulaire d'un certain nombre d'actions d'une société, a la faculté de souscrire, comme le défunt, aux actions nouvelles émises par cette société ; mais si la souscription constitue un engagement éventuel, à raison notamment de ce que le versement n'est que partiel, la société a le droit de n'admettre à souscrire que les personnes capables de s'obliger valablement et en conséquence à ne pas admettre la souscription des héritiers en état d'indivision, quand parmi eux se trouve un mineur au nom duquel aucune obligation ne peut être contractée sans que le conseil de famille en ait délibéré (3).

Une femme commune en biens et même séparée de biens ne peut souscrire sans l'autorisation de son mari (4).

Le père tuteur de son enfant ne peut souscrire, pour le compte de ce mineur, à une émission de valeurs industrielles sans l'autorisation du conseil de famille et l'homologation du tribunal, en conformité de la loi du 27 février 1880, attendu qu'une souscription à des actions ne peut constituer un acte d'administration (5).

---

(1) Tribunal de commerce de Nantes, 28 juin 1879 (*Journal des sociétés*, 1883.)

(2) Tribunal correctionnel de la Seine (11° ch.), 18 décembre 1883 (*Journal des sociétés*, 1881, p. 85.)

(3) Paris, 28 mars 1882 (*Journal des sociétés*, p. 439.)

(4) Tribunal de commerce de la Seine, 23 septembre 1887 (*Revue de droit commercial*, 2° partie, 1888, p. 12.)

(5) Paris (4° ch.), 21 mai 1884 (*Revue de droit commercial*, 2° partie, 1881, p. 286), Paris, (2° ch.), 13 janvier 1885 (*Le Droit* du 8 mars 1885.)

Il n'est pas nécessaire que la souscription soit faite par le souscripteur personnellement. Elle peut avoir lieu par l'intermédiaire de mandataires (1); mais le souscripteur ne peut être réputé actionnaire et engagé comme tel qu'autant que la demande d'actions faite par lui-même, ou en son nom, a été suivie d'une acceptation dûment motivée. C'est la règle; aussi M. Pont recommande-t-il avec raison (2) que, dans la pratique, les sociétés en formation, ou leurs fondateurs prennent le soin, « pour éviter toute incertitude et toute discussion sur ce point, de préparer en double-original des bulletins de souscription, sur lesquels le souscripteur et le représentant de la société en formation apposeraient leurs signatures. Ce titre provisoire, qui, la société constituée, serait remplacé par le titre définitif des actions souscrites, suffirait par lui-même à établir que les parties se sont réciproquement engagées. »

Le fait par une société de ne souscrire qu'après la clôture des souscriptions, pour le solde des actions qui n'ont pas été souscrites, constitue une simulation de souscription (3).

Du versement du quart du capital.

Le capital est la pierre angulaire des sociétés; aussi non seulement le capital doit être intégralement souscrit, mais une des conditions est : la nécessité du versement *par chaque actionnaire du quart* au moins du montant des actions par lui souscrites. Condition rigoureuse, qui lui impose une obligation PRÉPOSTÈRE, comme auraient dit les Romains, puisque le souscripteur verse avant de devenir débiteur par la constitution de la société.

A ce sujet, lors de la discussion du projet de loi devant le Sénat (séance du 19 novembre 1884), M. Tolain est allé bien

---

(1) Cassation, 14 mars 1860 (Sirey, 69.1.1863.)

(2) *Sociétés commerciales*, n° 27.

(3) Tribunal correctionnel de la Seine (8e ch.), 20 décembre 1882 (*Journal des sociétés*, 1883, p. 21.

plus loin ; il a demandé que les sociétés ne puissent commencer les opérations sociales qu'après le versement *intégral* du capital social.

« Je voudrais, disait-il, que la totalité du capital social nécessaire au fonctionnement de la société fût versé au moment où la société commence à fonctionner. Je crois que cette faculté laissée aux sociétés, de commencer à fonctionner, à faire des opérations, alors seulement que le quart du capital est souscrit, alors qu'il est réuni, est pleine d'inconvénients. Je crois qu'elle a donné naissance ou qu'elle a été pour beaucoup dans ce développement des sociétés financières qui, loin de chercher, dans la constitution de sociétés anonymes par voie d'émission, de véritables affaires commerciales et industrielles, des affaires sérieuses, n'ont cherché purement et simplement qu'à devenir ce qu'on a appelé des banques d'émission, et, qui, sans se préoccuper le moins du monde de savoir si l'entreprise était bonne, si elle avait des chances de réussir, n'ont en vue que d'émettre du papier sur la place et d'obtenir une majoration. Ces sociétés ne se sont pas préoccupées, le moins du monde, des petits capitaux qui ont été recueillis et qui ont été engagés dans l'affaire.

« Je crois aussi qu'il y a un autre inconvénient à signaler. Lorsque ces sociétés sont constituées avec un quart du capital versé seulement, six mois, un an, deux ans après, des appels de fonds peuvent devenir nécessaires. Nous voyons alors un très grand nombre d'actionnaires qui avaient cru, au début, n'avoir qu'un quart à verser, ou qui avaient espéré spéculer sur l'action qu'ils avaient ainsi souscrite, nous voyons, dis-je, ces actionnaires qui n'étaient libérés que d'un quart se refuser à verser le deuxième et le troisième quart, se refuser enfin à verser la totalité de leur action. A chaque instant, vous voyez, en effet, se former des syndicats de défense contre les sociétés qui viennent faire des appels de versements sur les actions non complètement libérées.

« Je crois qu'à tous les points de vue, au point de vue de la sauvegarde de la petite épargne, qui rencontrera assurément plus de sécurité dans les affaires pour lesquelles le capital aura été intégralement versé ; au point de vue des procès qui peuvent surgir lorsque les actionnaires se refusent à verser le deuxième ou le troisième quart, il y aurait un avantage considérable à obliger pour les sociétés anonymes le versement intégral du capital social. Sans doute, elles ne pourront pas, au début, faire miroiter aux yeux des actionnaires ou des souscripteurs des chiffres énormes de 20, 30, 40 millions, alors qu'un aussi fort capital ne serait pas nécessaire ; elles seront obligées de faire une déclaration sérieuse, réelle. »

Le quart à verser, sur chaque action, doit être calculé sur le prix nominal d'émission et non pas sur le taux minimum auquel ces actions peuvent être émises.

Le versement du quart du capital destiné à former le fond de roulement nécessaire aux opérations de la société, ne peut s'entendre que d'un versement représentant la totalité de la somme fournie par les actionnaires.

Il faut que *le quart soit entré intégralement dans la caisse sociale*, et y soit demeuré réellement jusqu'à l'assemblée générale qui doit vérifier les apports. Aussi n'y aurait-il pas versement régulier du quart social exigé par la loi pour la validité de la constitution d'une société par actions, si le courtier, qui a procuré la souscription, avait prélevé par anticipation une partie de la somme représentant le quart du capital (1).

Peu importe que ce prélèvement ait été ratifié postérieurement par la réunion générale des actionnaires si les administrateurs lui ont présenté un état frauduleux de la caisse, notamment s'ils ont fait figurer en caisse la somme prélevée par le courtier à l'aide d'un emprunt la représentant, emprunt fait momentanément à un banquier auquel elle était restituée immédiatement.

Sur ce point, par arrêt du 16 juillet 1885, la troisième chambre de la cour de Paris s'est prononcée formellement en ces termes :

« La loi, en exigeant sous peine de nullité, pour qu'une société anonyme puisse être définitivement constituée, que chaque actionnaire ait versé le quart au moins du montant des actions par lui souscrites, a constitué une prescription d'ordre public, qui ne peut s'entendre que d'un versement opéré dans les caisses de la société.

« Il ne suffit pas, pour que satisfation ait été donnée à la loi, qu'il soit établi que les actionnaires n'ont rien retenu sur les sommes formant le quart de leurs souscriptions et qu'ils ont intégralement versé le quart ; il faut qu'il soit prouvé que les sommes, devant former le quart du capital social, ont été versées dant la caisse sociale.

« En faisant de ce versement une condition stricte de la validité de la société, le législateur s'est proposé, il est vrai, de garantir le caractère sérieux des souscriptions ; mais il a voulu également assurer à la société le capital nécessaire pour qu'elle puisse fonctionner et remplir le but de sa création.

« La société une fois constituée, ses administrateurs deviennent les maîtres de faire sous leur responsabilité, tel emploi qu'ils jugent bon des deniers so-

---

(1) Ainsi jugé par un arrêt de la cour de cassation (ch. crim.) du 17 juillet 1885 (*Revue de droit commercial*, 2ᵉ partie, 1885, p. 329). — Dans le même sens : Cassation (ch. req.), 2 mai 1887 ; Paris (Ch. corr.), 26 juillet 1887 (*Idem*, 1887, p. 243 et 439).

ciaux, mais tout ce qui précède et accompagne sa constitution est assujetti à des règles qui ne peuvent être éludées sans dommage pour l'ordre public et sans péril pour les intérêts privés.

« On ne saurait sans méconnaître l'esprit de la loi, autoriser des promoteurs d'affaires à s'attribuer, en vertu des clauses habituellement introduites dans les statuts par eux rédigés, une part plus ou moins importante des sommes versées sur des souscriptions d'actions, sans même s'astreindre à les faire passer par les mains des caissiers de la société, et leur permettre de stipuler que ces mêmes sommes leur resteront acquises en entier, à eux personnellement, si pour une cause dépendant ou non de leur volonté la société n'arrive pas à se constituer.... Et il importe peu que les reçus donnés par le fondateur opérant ce prélèvement soient censés délivrés pour le compte de la société, alors que les sommes encaissées par lui étaient dès le moment du versement et d'une façon irrévocable devenues sa propriété personnelle. »

Le versement du quart exigé par la loi de 1867 doit être réellement effectué en espèces, disait aussi, le 15 mai 1882 (1), un jugement du tribunal de commerce de la Seine; spécialement, ce versement effectif ne peut résulter de l'inscription sur les livres de la société, au débit des souscripteurs, des sommes qui le représentent et cela alors même que la société serait autorisée par ses statuts à faire des prêts sur titres.

Dans un jugement du 13 décembre 1886 (2), nous voyons encore que : si, lors de la constitution de la société anonyme, le versement en numéraire du premier quart sur les actions souscrites peut être remplacé par une ouverture de crédit, ce n'est qu'autant que la société en formation a eu, par une affectation spéciale et effective, le montant de ce quart à sa disposition immédiate et sans réserve. Enfin dans un arrêt du 24 novembre 1887, la cour de Paris (3), et dans un arrêt du 18 février vrier 1887, la cour de cassation (4) ont fait application des mêmes principes.

Même dans le cas où une société civile se convertirait en société anonyme, dans des conditions qui en font, en réalité,

---

(1) Tribunal de commerce de la Seine, 15 mai 1882 (*Revue de droit commercial*, 2ᵉ partie, 1883, p. 81).

(2) (*Revue de droit commercial*, 2ᵉ partie, 1887, p. 65.)

(3) Paris (1ʳᵉ ch.), 24 novembre 1887 (*Revue de droit commercial*, 2ᵉ partie, 1888, p. 44).

(4) Cassation, (ch. req.), 16 février 1887 (*Le Droit* des 21 et 22 février 1887).

une société nouvelle, les fondateurs et administrateurs devraient remplir les formalités prescrites par la loi, notamment en ce qui concerne le versement du quart des actions et la vérification des apports. L'inaccomplissement de ces formalités entraînerait la nullité de la société et la responsabilité des fondateurs et administrateurs (1).

La loi belge exige le versement sur chaque action d'un *dixième* au moins de la souscription (art. 31 de la loi de 1866.) avant elle n'imposait que le versement du *vingtième;*

Les lois genevoises de 1866-68 et 69 exigent le versement du quart au moins sur chaque part du capital souscrit ;

Le code hongrois veut qu'il y ait versement de 30 0/0 ;

Le code fédéral suisse (art. 618) réclame un versement de 20 0/0 ;

La loi allemande veut que le versement du quart au moins sur chaque action ait eu lieu, s'il s'agit d'une société en commandite par actions (art. 177), de 10 0/0 au moins s'il s'agit d'une société autre qu'une société d'assurances et 20 0/0 dans ce dernier cas.

Enfin aux termes de l'article 131 du nouveau code de commerce italien, « il est nécessaire que le capital social soit souscrit en entier et que chaque associé ait versé en ESPÈCES *trois dixièmes* de cette part *capital consistant en numéraire...* Les sociétés qui ont pour objet exclusif de leur entreprise, les assurances, peuvent se constituer par le versement *du dixième de la valeur des actions souscrites par chaque associé* ».

Nous avons dit que, d'après la loi française de 1867, le versement préalable doit être du quart au moins ; les statuts peuvent le porter à une quotité supérieure, mais ils ne pourraient pas le réduire au-dessous du quart.

Le versement doit être d'un quart sur chaque action.

Il faut que chaque souscripteur ait versé le quart du capital de chacune de ses actions.

---

(1) Tribunal civil de Lille (2ᵐᵉ ch.), 13 juin 1885 (*Gazette des tribunaux,* 22 août 1885.)

Le versement doit être *réel*, le paiement doit *être effectif* et avoir lieu *en espèces*. Mais assurément, il pourrait être effectué en billets de banque, bons du Trésor à vue, chèques, monnaie, en un mot en valeurs équivalentes au numéraire (1).

La loi de 1867, décide seulement que les sociétés ne pourront être définitivement constituées qu'après le versement par chaque actionnaire du quart au moins du montant des actions par lui souscrites. A ces mots: « le quart du montant, » nous estimons qu'il y aurait lieu d'ajouter avec les rédacteurs de la loi nouvelle, les mots : *en espèces*, afin (2) « de couper court à une jurisprudence, trop indulgente, qui a admis la validité, tantôt d'un versement en valeurs, quand ces valeurs seraient, pour nous servir des termes d'un arrêt (3), d'une réalisation immédiate et certaine, tantôt d'un versement par voie de compensation (4), compensation qui paraît d'ailleurs difficile et même impossible, puisque la société ne peut devenir débitrice qu'après sa constitution et que le versement est dû antérieurement à cette constitution (5) ». — En effet, si les valeurs données en payement sont bonnes, excellentes même au jour des versements, elles peuvent devenir mauvaises le lendemain, détestables quelques jours après ; la société ne doit pas être exposée à ces éventualités. Que le propriétaire de ces valeurs les réalise, c'est son affaire et non celle de la société ; à

---

(1) Bordeaux, 20 juin 1865 (S. V. 65.2.296). — Paris, 28 mai 1869 (D. P. 69.2.145.) — Cassation, 27 janvier 1873 (D. P. 173.1.331.) — Paris, 13 janvier 1882 (*Revue des sociétés*, 1883, p. 90.) — Tribunal de commerce de Lyon, 6 mai 1882 (*Droit* du 18 avril 1886.) — Lyon, 9 février 1883 (*Revue des sociétés*, p. 209. V. rapport de M. le conseiller Monod.) (*Le Droit* du 18 avril 1886.)

(2) Rapport présenté au nom de la commission du Sénat par M. Bozerian, p. 28.

(3) Cassation (ch. civ.), 27 janvier 1873 (D. P. 73.1.331.)

(4) Cassation civ. Rej., 20 février 1877 (D. P. 77.1.201). Cet arrêt a admis pour une société antérieure, il est vrai à la loi de 1867, qu'il avait pu y avoir compensation entre les actions souscrites par un administrateur et des frais de publicité ou de réclame.

(5) C'est là, suivant Demolombe, une nullité indigne de la simplicité et de la dignité de la loi ; c'est, il semble au contraire, une conséquence forcée des articles 1289 et suivants du code civil.

celle-ci, il faut soit du numéraire, soit une monnaie légale, c'est à cette condition seulement que la volonté de la loi est remplie.

En exigeant la *souscription*, c'est-à-dire l'obligation personnelle des actionnaires, pour le capital entier, et le *versement* c'est-à-dire l'exécution de cette obligation à concurrence du quart, nous excluons toute opération de compte pour tenir lieu de versement; nous refusons de croire que l'actionnaire, créancier pour des causes antérieures à la souscription, se trouverait libéré de sa souscription par une compensation (1) ni même en une créance sur la société reconnue exacte par le rapport du commissaire, et approuvée par l'assemblée constitutive, quoiqu'un arrêt de la cour de Lyon du 25 avril 1885 l'ait admis.

Bien que deux arrêts de la cour de Lyon, l'un du 11 août 1882 et l'autre du 25 avril 1885 aient décidé que « le versement du premier quart sur chaque action peut être valablement fait non seulement jusqu'à la déclaration notariée prescrite par la loi, mais même après cette déclaration, et jusqu'à l'assemblée générale constitutive, » nous pensons que le versement doit être effectué avant la confection de l'acte notarié; autrement, comment les fondateurs pourraient-ils faire la déclaration que le capital a été souscrit entièrement, que les versements ont eu lieu réellement, et que le montant des versements du quart a été déposé? — Ce serait-là une déclaration fausse.

La libération du premier quart sur chaque action doit nécessairement précéder la constitution de la société. Vainement cette libération serait effectuée plus tard; elle ne pourrait effacer le vice originaire, résultant de l'absence du versement réglementaire au jour où la société a été déclarée constituée (2).

Il y aurait nullité de versement dans le cas où le souscripteur crédité de sommes qu'il serait censé avoir versées en serait débité, à titre de payement anticipé, sur des travaux à faire pour le compte de la société.

---

(1) Paris (ch. correct.), 10 mars 1883 (*Journal des sociétés*, 1883, p. 248).
(2) Lyon, 9 février 1883 (*Revue des sociétés*, 1883, p. 209.)

Le versement du quart sur chaque action souscrite, pour la constitution légale de la société, est régulièrement effectué à l'aide de deniers prêtés ou avancés par des tiers, aussi bien que si l'actionnaire payait avec des fonds disponibles entre ses mains.

Un arrêt de la cour de Paris du 17 juillet 1882, a décidé qu'il fallait considérer comme valable « la vente faite par le fondateur, gérant de la société, préalablement et régulièrement constituée, moyennant un prix d'estimation fixé par expert et agréé par l'assemblée générale des actionnaires, de son fonds de commerce; et qu'il peut employer ce prix de vente, *à la libération de ses propres actions* (1) ». — Nous estimons que cet arrêt pourrait être discuté, et qu'il est prudent de ne pas trop s'y attacher.

Les souscripteurs ne peuvent se refuser au versement du quart, sous prétexte de l'exagération des avantages faits aux fondateurs, et même de la non-justification des apports, dit un arrêt de la cour de Nîmes du 20 mai 1882. A vrai dire, nous ne voyons pas l'intérêt d'un tel arrêt, car ce n'est que postérieurement à la déclaration des fondateurs dans l'acte notarié que le capital social a été souscrit et que le versement du quart a été effectué, que sont examinés les avantages faits aux fondateurs et qu'ils peuvent être contestés.

Le versement est-il obligatoire sur toutes les actions indistinctement ou ne l'est il que sur les actions souscrites ? — C'est une question controversée. D'après le projet de loi nouveau, il n'y aurait plus lieu de s'occuper de cette question puisque les actions d'apport en nature devraient être *entièrement libérées*.

La loi sur les sociétés, étant destinée à protéger les souscripteurs d'actions contre leurs entraînements et les fraudes dont ils pourraient être victimes, n'a pas eu de distinctions à faire et n'a pas fait de distinctions entre les diverses émissions d'une société. Conséquemment, l'augmentation de ca-

---

(1) *Le Droit* du 18 novembre 1882.

pital par une seconde émission est soumise à l'obligation du versement du quart, bien que la souscription intégrale et le versement du quart lors de la première émission aient été effectués.

En cas de retard d'un souscripteur à verser son premier quart, une demande judiciaire devrait être intentée contre lui : Il nous semble possible d'admettre l'opinion de M. Vavasseur qui recommande que pour éviter cette poursuite, il soit stipulé dans les statuts, que huit jours après une mise en demeure restée infructueuse la souscription serait considérée comme non avenue ; mais, alors le capital social n'étant pas souscrit intégralement, il faudrait trouver un autre ou d'autres actionnaires.

A ce sujet, nous trouvons dans le code de commerce italien une excellente disposition. Il est dit, en l'article 132, que les souscriptions étant recueillies, les fondateurs doivent • assigner par un avis à insérer dans la Gazette officielle du Royaume et dans le journal des annonces judiciaires du lieu où ils veulent établir le siège de la société, *un terme fixe pour faire le versement prescrit* aux souscripteurs qui ne l'auraient pas effectué lors de leur souscription. Ce terme s'étant écoulé inutilement, les fondateurs ont *la faculté* de délier les souscripteurs tardifs de l'obligation prise ou de les contraindre au versement. Si les souscripteurs sont déliés de l'obligation, on peut procéder à la constitution de la société avant que les actions souscrites par eux ne soient placées de nouveau.

De la prohibition de négocier les actions avant la constitution.

L'article 2 de la loi de 1867 est ainsi conçu : « les actions ou coupons d'actions sont négociables après le versement du quart. »

Cet article qui paraît si simple est cependant cause d'une vive controverse. Les actions ou coupons d'actions peuvent être négociables après le versement du quart, mais peuvent-elles l'être avant la constitution définitive de la société? — Un intervalle plus ou moins long pouvant séparer cette époque de la constitution définitive de la société, on s'est en effet demandé s'il fallait nécessairement attendre cette seconde époque pour que la négociation devînt possible ou s'il était permis de négocier les actions à une époque antérieure, dès que le quart avait été versé.

Si nous consultons la jurisprudence, nous voyons dans un arrêt de la cour de Paris (1re ch.) du 2 mars 1883, que :

« Les titres d'une société non régulièrement constituée et pour lesquels le versement du quart n'a pas été effectué, ne peuvent être l'objet d'une émission régulière ; les actionnaires ne peuvent demander la délivrance des titres et ils n'ont droit qu'à des récépissés de versement, qui sont pour eux des titres suffisants pour assurer l'exercice de leurs droits dans la liquidation et dans la faillite ; mais *la négociation d'actions d'une société faite avant la constitution de la société et le versement du quart des souscriptions est nulle* ; s'il est permis de disposer, *par les contrats de droit civil* des actions d'une société constituée contrairement aux articles 1, 2 et 3 de la loi de 1867, la négociation faite commercialement en Bourse, ou dans les coulisses de la Bourse, de ces valeurs est d'une nullité absolue et d'ordre public et la négociation d'actions vendues à *l'émission* est frappée de caducité, lorsque la condition suspensive de l'émission se trouve défaillir par suite du défaut de constitution régulière de la société (1) ».

De même un arrêt de la même cour de Paris (6e ch.) du 18 août 1884, décide qu'il est impossible de négocier des actions tant que la société n'est pas définitivement constituée ; que la cession seule en est permise.

« Considérant, dit cet arrêt, que cette négociation a consisté, suivant l'assignation de Pyreire et Bornet, dans l'achat à l'émission, pour le compte de Cremnitz de 25 actions de la compagnie des Téléphones, lequel achat a eu lieu, suivant cet acte, le 12 décembre 1881 ; considérant qu'il n'est pas contesté que la société dont s'agit n'a été définitivement constituée qu'à la date du 16 décembre 1881 et que l'émission de ses actions ne s'est présenté qu'à la date du 16 janvier 1882 ; qu'aux termes des articles 1, 2, 14, 24 et 45 de la loi du 24 juillet 1867, la négociation d'actions pour lesquels

---

(1) Voir le texte complet de cet arrêt dans la *Revue de droit commercial*, 1883, p. 145.

le versement du quart n'aurait pas été effectué est prohibée; que, si cette règle peut souffrir exception quand il s'agit d'une transmission d'ordre purement privé, elle est rigoureusement applicable à toute négociation pratiquée en banque ou bourse telle que celle qu'ont réalisée, dans l'espèce, les coulissiers Pyreire et Bornet; d'où il suit que la négociation des promesses d'actions dont ceux-ci réclament le prix à Cremnitz, doit être considéré comme nulle et que leur action est par suite non recevable (1). »

Au contraire, la cour d'Orléans (ch. correct.) a décidé, par arrêt du 17 février 1886, que :

« Bien qu'une société anonyme ne soit définitivement constituée que par la seconde assemblée générale des actionnaires, cependant la négociation et la publication de la valeur des actions ne peuvent être atteintes par les articles 13 et 14 de la loi du 24 juillet 1867, lorsqu'elles ont été faites avant cette seconde assemblée générale, mais toutefois après la déclaration de la souscription de la totalité du capital social et du versement du quart sur chaque action. »

On remarquera toutefois que si la cour d'Orléans prohibe la *négociation*, avant le versement du quart et la déclaration des fondateurs que le capital a été intégralement souscrit et le quart versé, elle admet la négociation dans l'intervalle entre la première et la seconde assemblée constitutive.

Les actions peuvent-elles être cédées avant la constitution définitive de la société?

Nous admettons volontiers la *cession*, mode qui offre toutes les garanties désirables; mais nous prohibons formellement la négociation, qui a plutôt un caractère de spéculation.

D'après l'article 5 du projet de loi sur les sociétés, on propose d'empêcher, tout à la fois la négociation et la cession avant l constitution définitive de la société.

L'intention du gouvernement et de la commission sénatoriale était de ne défendre, avant la constitution définitive de la société, que la *négociation commerciale* spéciale aux actions et valeurs de bourse et de laisser libres et possibles les cessions

---

(1) Dans le même sens : Amiens, 5 août 1882; Tribunal civil de la Seine, 29 mars 1882; Tribunal de Lyon (1re ch.), 31 janvier 1885; Cour de Paris (1re ch.), 26 février 1885.

ordinaires, les transports par les moyens civils conformément aux règles du droit commun (1). Mais M. Brunet, présenta un amendement, qui a été adopté et qui tendait à prohiber au même titre que la négociation commerciale, la *cession* civile avant la constitution définitive de la société, c'est-à-dire avant que le capital entier fût souscrit et que le quart ne fût versé, et que les administrateurs et commissaires nommés par la première assemblée générale eussent accepté.

Voici les arguments que M. Brunet fit valoir pour faire prendre son amendement en considération :

«... Je crois remplir un devoir de conscience, de moralité sociale, en vous proposant de prohiber d'une façon absolue la cession des actions avant la constitution de la société. Qu'on ne se récrie pas ; qu'on ne dise pas qu'il y a là une disposition arbitraire, une atteinte portée au libre commerce des choses qui sont dans le commerce habituel ; non, il y a un obstacle à porter, si vous voulez bien aborder cet ordre d'idées, à une spéculation qui est la plaie actuelle des sociétés et contre laquelle, plus particulièrement encore, a été fait votre projet de loi.

Je reviens à ce que je disais. Je vous propose de prohiber la cession des actions avant la constitution de la société, c'est-à-dire, aux termes de votre loi, avant que le capital tout entier ne soit souscrit et que le quart ne soit versé.

Pour les actionnaires sérieux, pour les souscripteurs sérieux, pour ceux qui, véritablement, veulent devenir actionnnaires, quel dommage peut-il en résulter ?

L'article 5 sera lettre morte, si on peut, en changeant seulement le mode, arriver au même résultat, avoir les mêmes avantages. Je dis que si vous voulez que la disposition de votre article 5 : « Ces actions ne sont négociables qu'après la constitution définitive de la société, » reçoive une sanction pratique, si vous croyez qu'il y a là une règle protectrice, utile pour la moralité du marché public, faites en sorte que cette règle soit observée ; n'en faites pas une formule vaine. Si vous maintenez le texte que je critique, effacez dans l'article 5 cette restriction, permettez à tout souscripteur, à tout actionnaire de négocier à toute époque ses actions. Remarquez qu'il y a beaucoup plus de danger dans cette cession, dans cette transmission occulte en dehors du marché public, c'est là qu'on peut tromper les preneurs.... »

---

(1) Une jurisprudence constante décidait, en effet, que la prohibition des négociations s'applique à la négociation par les voies commerciales, et non à la transmission par les voies de droit commun — (Orléans, 19 février, 17 août 16 novembre 1878 ; Paris 20 novembre 1848, et 31 juillet 1852 ; Cassation, 12 août 1851 ; Lyon, 2 mars 1883 ; *Revue des sociétés*, 1883, p. 357).

Le rapporteur, dans la séance suivante, résuma en ces termes les arguments présentés par M. Brunet et se rangea à ces observations :

« Sans doute en prohibant les négociations, vous empêcherez, dans une certaine mesure, la spéculation, l'agiotage contre lesquels vous voulez vous prémunir, vous défendre. Mais est-ce que vous ne redoutez pas que cette spéculation, que cet agiotage, plus ou moins honnêtes, plus ou moins avouables, puissent se produire avec de simples cessions ? Ils se produiront, soyez-en sûrs; on y arrivera. La pratique est excessivement habile; on arrivera à spéculer, à agioter, non par le ministère des agents de change, puisqu'il s'agit, non de négociations, mais de cessions, et que ces opérations sont antérieures à la constitution de la société, c'est à-dire à une époque où aucune négociation n'est possible à la bourse, au parquet; mais, à défaut d'agents de change, on aura recours à des courtiers, à ceux qu'on désigne vulgairement sous le nom de coulissiers.

Ne craignez-vous pas que ce qu'on a appelé le commerce des promesses d'actions, ce commerce qui est formellement prohibé par la loi de 1815 en ce qui concerne les chemins de fer, se renouvelle effrontément et impunément ?

Ne croyez-vous pas à la possibilité de création des titres, qui ressembleront absolument à ces promesses ?

Ne voyez-vous pas que ces titres pourront circuler, se transmettre, s'acheter, se vendre par l'intermédiaire de courtiers, de personnes non autorisées, n'offrant aucune espèce de garantie ?

Tout cela est possible; tout cela est à craindre. Donc, il ne faut pas s'arrêter à la moitié du chemin; il faut aller jusqu'au bout. Il faut, si vous défendez les négociations pendant cette période, qui est une sorte de période suspecte, pendant cette période qui s'écoule entre l'époque du versement du quart et l'époque de la constitution définitive de la société, il faut défendre aussi les cesssions, il faut couper le mal dans la racine, il faut défendre jusqu'à ce moment les transmissions de toute nature. »

Ainsi si le projet de loi actuellement soumis à la Chambre des députés était admis, il n'y aurait plus de doute : la négociation et la cession des actions ne seraient possibles qu'après la constitution définitive de la société et interdites pendant le laps de temps qui peut s'écouler entre le versement du quart et l'acceptation des administrateurs, dernière formalité pour la constitution de la société.

Hâtons-nous cependant d'ajouter que, depuis, le projet de loi qui a été voté par le Sénat, ayant été soumis à la cour de cassation, celle-ci a demandé la suppression des mots *incessibles* et voici les raisons qu'elle a données :

« La cessibilité, dans les termes du droit commun n'offre aucun des inconvénients de la négociabilité. L'abus de la spéculation n'est pas alors à craindre, et on ne comprendrait pas pourquoi, même avant la constitution définitive de la société, les actions ne pourraient pas être comprises dans un legs, une donation entre-vifs, une vente en bloc. Cette interdiction que rien ne justifie aboutirait à de véritables impossibilités. »

L'article 40 de la loi belge se contente de dire que: « Les cessions d'actions ne sont valables qu'après la constitution définitive de la société. »

La *négociation* diffère de la cession, en ce que la négociation est l'achat ou la vente à la Bourse ou ailleurs avec ou sans l'intermédiaire d'agent de change au moyen de procuration en blanc, par tradition manuelle, par endossement ou par transfert, et que la *cession* est l'achat ou la vente directe entre parties contractantes par acte notarié ou sous seing privé, par opuaion on par testament, etc.

La *négociation* des actions s'opère, lorsque l'action est nominative, soit par une déclaration de transfert inscrite sur les registres de la société et signée de celui qui fait le transfert ou d'un fondé de pouvoir (C. com., art. 36) soit par un endossement, s'il est autorisé par les statuts ; — lorsque l'action est au porteur, par la simple tradition du titre.

Il en est de même en Italie (art. 169), en Hollande (art. 42), en Belgique (art. 37). En Allemagne et en Suisse, au contraire, il faut présenter les titres à la société et justifier de leur transmission, pour obtenir le transfert d'actions nominatives.

La propriété d'une action nominative peut-elle être transmise antérieurement au transfert?

La cour de cassation a décidé, le 24 juin 1885, que : « Si aux termes de l'article 36 du code de commerce la cession des actions nominatives s'opère par une déclaration de transfert inscrite sur les registres de la société anonyme et signée de celui qui fait le transfert ou d'un fondé de pouvoir, cette disposition, qui a en vue l'intérêt des tiers, ne fait pas obstacle à

---

(1) Voir le rapport de M. le conseiller Monod ; *Le Droit* du 18 avril 1886.

ce que la propriété des actions soit transmise directement par une convention antérieure à l'inscription sur les registres (1).»

La *cession* des actions s'opère conformément aux règles édictées par les articles 1689 et 1690 du code civil.

Aux termes de ces articles, la délivrance a lieu entre le cédant et le cessionnaire par la remise du titre ; mais le cessionnaire n'est saisi à l'égard des tiers que par la signification du transport de l'action faite au débiteur, ou par l'acceptation de ce transport faite par le débiteur dans un acte authentique.

Les *promesses d'actions* doivent être considérées comme des actions d'une société et ne sont pas non plus négociables avant la constitution de la société ; leur négociation étant nulle *ipso facto*, le prix en serait sujet à répétition.

Il faut entendre, selon nous, lorsqu'on dit que les actions ne sont pas négociables avant la constitution définitive de la société, *l'acceptation des administrateurs* (dernière formalité), bien qu'un jugement du tribunal de commerce de Lyon (13 mai 1882) appliquant l'article 2 de la loi de 1867 ait décidé que si *leur négociation n'était pas permise, avant la première assemblée générale* chargée de vérifier si les conditions de la loi ont été remplies, elle l'était après la déclaration de souscription du capital et le versement du quart.

La négociation d'actions ou de coupons d'actions dont la valeur en la forme serait contraire aux dispositions de la loi, ou pour lesquels le versement du quart n'aurait pas été effectué, ou encore la négociation qui aurait lieu avant la constitution de la société, est punie d'une amende de 500 à 10,000 fr. (art. 13); sont punies de la même peine toute participation à ces négociations et toute publication de la valeur desdites actions.

Le code de commerce italien (article 137) déclare que : « Toute vente ou cession d'actions faite par les souscripteurs avant la constitution de la société est nulle et d'aucun effet ; et l'aliénateur peut être contraint à restituer les sommes qui lui auraient été payées pour cela. La nullité a lieu, bien

---

(1) *Gazette des tribunaux*, 1er juillet 1885.

que la vente soit faite avec la clause : maintenant pour quand la société sera constituée, ou autre équivalente. »

L'article 40 de la loi belge sur les sociétés porte également que : « Les cessions (par là elle entend désigner aussi bien la vente commerciale que la cession civile) d'actions ne sont valables qu'après la constatation définitive de la société ; elles ne peuvent être inscrites sur le registre d'actionnaires qu'après versement des cinquièmes de l'apport en actions... »

De la liste des souscripteurs.

Le fondateur, dès qu'il a placé toutes les actions et recueilli le quart au moins du montant des actions souscrites par chaque associé, doit établir la liste de ces souscripteurs, *noms, prénoms, qualités, demeure* et le *nombre d'actions* de chacun d'eux (art. 55 de la loi de 1867) et ce à peine de nullité, puisque le dernier paragraphe de l'article 56 décide que « les formalités prescrites par l'article précédent et par le présent article seront observées à peine de nullité à l'égard des intéressés (1) ». Le législateur a voulu ainsi empêcher, autant que possible, le fondateur de simuler des souscriptions et permettre aux actionnaires de rechercher si ces souscripteurs sont sérieux.

La liste nominative des souscripteurs doit être *dûment certifiée* (art. 55 de la loi de 1867).

Des Statuts.

Les statuts, sorte de charte, sont les règles établies par les fondateurs concernant l'objet, la durée, l'administration, le contrôle et la direction de la société, la réunion des assemblées

---

(1) Voir Cassation (Ch. req.) du 26 mai 1886 (*Gaz. des Trib.*, 27 mai 1886) et Paris (1re ch.), 2 décembre 1886 (*Gaz. des Trib.*, du 9 décembre 1886.)

générales, le partage des bénéfices et généralement la conduite de celte société.

Ils constituent le pacte social. La souscription aux actions de la société emporte adhésion aux statuts, qui font loi entre les actionnaires, puisque, aux termes de l'article 1134 du code civil, « les conventions légalement formées tiennent lieu de loi à ceux qui les ont faites ».

Les statuts peuvent être rédigés, soit en la *forme authentique*, c'est-à-dire par acte notarié, *en minute*, puisque la loi exige, nous le verrons plus loin, qu'une expédition de l'acte de société soit déposée au greffe du tribunal de commerce, une autre au greffe de la justice de paix et une troisième au siège social ; soit par *acte sous seings privés*, à moins, selon nous que l'acte de société ne confère le droit aux administrateurs ou aux assemblées générales d'hypothéquer les immeubles de la société auquel cas l'acte social devrait être authentique (1).

Lorsque les statuts résultent d'un acte sous seings privés, ils peuvent n'être fait qu'en double original ; en effet, le second paragraphe de l'article 21 de la loi de 1867, de même que le projet de loi nouvelle, dit, d'une façon formelle, que « les sociétés anonymes peuvent, quelque soit le nombre des associés, être formées par un acte sous seings privés, fait en double original ». C'est là une dérogation à l'article 1325 du code civil aux termes duquel « les actes sous seings privés qui contiennent des conventions synallagmatiques, ne sont valables qu'autant qu'ils ont été faits en autant d'originaux qu'il y a de parties ayant un intérêt distinct ».

A l'égard du *double original*, un reproche a été, depuis long-temps, adressé à la loi de 1867 : celui d'exiger plus tard d'autres originaux pour la publication, en sorte qu'il n'est pas vrai de dire que la société peut être créée par acte sous seings privés, fait seulement en double original.

M. Pont, cherchant à montrer le peu d'exactitude de la loi,

---

(1) Cassation (ch. req.), 4 mars 1885 (*Gaz. des Trib.* du 7 mars 1885) ; Cass. (ch. civ.), 23 décembre 1885 (*Gaz. des Trib.* des 25, 28 et 29 décembre 1885.)

a fait remarquer qu'aux termes de l'article 1er de la loi de
1867, un des originaux devait être annexé à la déclaration
du versement et un second déposé au siège social, et qu'aux
termes de l'article 55, un troisième devait être déposé au
greffe du tribunal de commerce et un autre au greffe de la
justice de paix, si bien que l'on semblait amené à dire que
l'acte devrait être fait en deux originaux, sans préjudice de
ceux dont la confection était nécessaire pour satisfaire aux
prescriptions relatives à la publication de l'acte de société.

A ce reproche, l'exposé des motifs du nouveau projet de
loi (1), fait avec raison deux réponses : « l'une, qu'il ne s'agit
ici que de la formation. A ce moment, deux originaux suffi-
sent ; plus tard, après que la société est fondée, il en faut
d'autres pour la publication; on peut les préparer à l'avance à
cette fin, mais ce n'est pas indispensable ; car, et c'est la
seconde réponse, l'un des deux originaux doit être déposé
chez le notaire, et pour la publication on peut s'en faire délivrer une expédition. »

Chaque original doit, d'après l'article 1325 du code civil,
contenir la mention du nombre des originaux qui en ont été
faits.

Les sociétés anonymes doivent *nécessairement*, résulter
d'un acte écrit. A défaut d'acte écrit, la convention de société
serait nulle, sinon pour le passé, si la société a existé en fait,
au moins pour l'avenir ; pour le passé, la convention pourrait
être prouvée par tous les moyens de droit commun (2).

Contrairement à notre législation, le code de commerce
italien mis en vigueur le 1er janvier 1883 veut, d'après son
article 87, que « les sociétés en commandite par actions et les
sociétés anonymes se constituent par acte public. » Le code de
commerce allemand exige également qu'il soit dressé un acte
judiciaire ou notarié sur la formation de la société et la teneur

---

(1) *Loco citato*, p. 8.
(2) Cassation, 22 juillet 1834; Paris, 27 janvier 1825; 29 janvier 1841 et
1er juin 1872.

du contrat de société (art. 208). Il en est de même du code de commerce des Pays-Bas, et ce à peine de nullité. D'après l'article 4, § 2 de la loi belge « les sociétés anonymes et en commandites par actions sont, à peine de nullité, formées par des actes publics.» L'acte authentique est également exigé en Espagne, en Portugal, etc ..

De la constatation des souscriptions et des versements.

Les souscriptions et les versements sont constatés, dit l'article 1er, § 3 de la loi de 1867, par une déclaration des fondateurs, dans un acte notarié.

Cette déclaration *doit toujours avoir lieu par acte notarié*, même lorsque l'acte de société a été dressé sous seings privés.

C'est devant le notaire du promoteur de l'affaire, du fondateur, que doit être rédigé ou déposé l'acte de société et que doivent être faites les constatations de souscriptions et de versements.

La déclaration doit être faite par les fondateurs, c'est-à-dire par ceux qui créent l'entreprise, qui choisissent la forme d'association convenable à son exploitation, qui fixent le capital de la société et en déterminent la durée, qui rédigent les statuts, réunissent les capitaux, réalisent en un mot l'organisation du corps social et sa mise en mouvement

Il est arrivé, depuis 1867, que trop souvent les versements ont été fictifs et ont consisté en des jeux d'écritures au lieu d'être réels, en espèces sonnantes ou en billets de banque; aussi l'idée était-elle venue un moment au Gouvernement d'exiger le dépôt des sommes versées dans une caisse publique : Banque de France (1) ou Caisse des dépôts et consigna-

---

(1) M. Alphonse Mallet, régent de la Banque de France, un des membres de la commission extra-parlementaire, a déclaré que cet établissement n'accepterait pas ces dépôts.

tions, ainsi que l'a prescrit le nouveau code italien, en vigueur depuis le 1er janvier 1883 (1). Il a été reconnu que cette idée très séduisante d'abord, ne résistait pas à un examen approfondi et le Gouvernement l'a abandonnée quand il s'est rendu compte de l'inconvénient d'une immobilisation prolongée des capitaux, des difficultés du retrait en cas de constitution de la société et surtout en cas de non constitution, lorsque ces fonds doivent revenir soit à un être moral, soit à un grand nombre de personnes; enfin de l'impossibilité même avec cette précaution, d'empêcher les fraudes contre lesquelles on cherche à se prémunir.

Mais ne serait-il pas bon que la déclaration notariée des fondateurs, déclaration relative à la souscription et aux versements, indiquât le lieu où le montant des versements a été déposé? — Nous le pensons, et c'est du reste ce qu'admet le projet de loi sur les sociétés ; peut être serait-ce une facilité de plus de vérification pour l'assemblée générale constitutive et pour les commissaires sociaux que celle-ci peut instituer?

« Il est certain que ceux qui voudront se rendre compte de la réalité de ces versements, dit le rapport de M. Bozérian au Sénat, ne pourront la plupart du temps, ni obtenir, ni exiger du dépositaire l'exhibition des espèces, qui auront été le plus souvent confondues avec celles déjà versées dans sa caisse, et que la preuve du versement résultera le plus généralement de la déclaration du dépositaire, qui affirmera avoir reçu les souscriptions. Il est difficile qu'il en soit autrement. Mais puisque, ainsi que cela résulte de l'expérience, l'exhibition des espèces n'est pas toujours une garantie contre la fraude, puisque dans plus d'une circonstance ces espèces ont joué le rôle des figurants de comédie, on peut croire que la déclaration d'un dépositaire connu pour son honorabilité et sa solvabilité aura autant de valeur que cette exhibition. »

A la déclaration des souscriptions et des versements sont

---

(1) En effet suivant l'article 133 du nouveau code italien : « Le versement doit être effectué à la Caisse des dépôts et prêts, ou à une banque d'émission légalement constituée. Les sommes déposées ne peuvent être restituées qu'aux administrateurs nommés, lesquels présentent le certificat du greffier prouvant le dépôt, l'inscription et la publication du contrat, ou bien aux souscripteurs si l'inscription n'a pas lieu. Les fondateurs n'en peuvent retirer aucune partie. »

annexés : la liste des souscripteurs, l'état des versements effectués, l'un des doubles de l'acte de société, s'il est sous-seing
privé ou une expédition s'il est notarié et s'il est passé devant
un notaire autre que celui qui a reçu la déclaration (art. 1er,
§ 4 de la loi de 1867.)

Ce n'est que dans le cas où la déclaration a été reçue par
un autre notaire, que l'expédition doit être annexée, car si le
notaire était le même, l'annexe n'aurait aucune utilité puisqu'il
a la minute de l'acte constatant la déclaration faite par les fondateurs que le capital social est intégralement souscrit, que le
versement du quart en espèces a été effectué par chaque
actionnaire sur les actions par lui souscrites, et que le montant
des versements a été déposé dans un endroit qu'ils ont indiqué.

L'acte sous-seing privé quelque soit le nombre des associés
est fait en double original dont l'un est annexé, comme il est dit
au paragraphe précédent, à la déclaration de souscription du
capital et de versement du quart et l'autre déposé au siège
social.

On s'est demandé, à propos de l'émission des actions, s'il
ne conviendrait pas d'interdire ce qu'on appelle les *émissions
avec primes* ; mais on a fait remarquer, non sans raison, que
la prime est toujours postérieure à la création de l'action dont
la valeur nominale est de 500 francs et que cette prime est le
résultat de la liberté du contrat de vente. Il est impossible
d'attenter à cette liberté et d'empêcher le public d'acheter à
600 et 700 francs ce qui a été émis la veille à 500 francs ; c'est
à lui qu'il appartient de se tenir en garde contre les program-
mes, les exagérations qui ont pour but d'amener ce résultat,
en un mot, contre ce dol toléré, inévitable, qui se trouve en
tout temps et en tout lieu, dans les relations entre l'acheteur
et le vendeur qui surfait sa marchandise.

A ce sujet, en 1884, lors du vote sur le projet de loi au Sénat,
M. Tolain présenta un amendement tendant à faire admettre
que les actions ne puissent être majorées à leur émission. Cet
amendement a été repoussé et voici quels motifs donna
M. Gouin, pour le faire rejeter :

« L'affaire a merveilleusement réussi. Les actions valent deux ou trois fois le pair. La société a de fortes réserves; cependant, elle a besoin d'argent pour continuer ses opérations; elle veut alors doubler son capital. Que fait-elle ? Elle émet des actions nouvelles et donne naturellement la préférence à ses actionnaires. Mais les actions anciennes, qui ont droit aux réserves, et à des réserves considérables, valent évidemment plus de 500 francs. N'est-il pas juste que, dans ce cas, la société émette ses actions nouvelles avec une majoration qui va augmenter le fonds de réserve et représente, en partie du moins, la plus-value des actions anciennes.

« Comme tous les actionnaires ne sont pas toujours en état de souscrire à l'émission, n'est-il pas juste qu'ils se trouvent un peu indemnisés, en prenant leur part de l'augmentation du fonds de réserves provenant de cette majoration des actions nouvelles? Ne trouvez-vous pas cela plus naturel et plus juste que si la société, voulant doubler son capital dans les conditions les plus régulières et les plus avantageuses, émettait ses actions au pair, de telle façon que les actionnaires hors d'état de prendre leur part, fussent privés de toute compensation. »

A ce propos, nous nous permettons de faire un rapprochement : 1° *En ce qui concerne l'émission d'actions au-dessous du pair*, nous trouvons dans la loi italienne (art. 131, § 3 du nouveau code) un article qui décide : qu'en aucun cas des actions ne peuvent être émises pour une somme inférieure à leur valeur nominale, et l'art. 207, § 2 du code de commerce allemand déclare également que « les actions ou coupures d'actions d'un montant moins élevé sont nulles; » et que « ceux qui émettent de pareilles actions ou coupures d'actions sont solidairement responsables envers les détenteurs pour tout le préjudic causé par l'émission.» — 2° *En ce qui concerne l'émission avec primes*, nous lisons dans l'ouvrage de M. Félix Bing (1), qu'il a été reconnu par le rapporteur de la commission de la Chambre que, si une société existante émet de nouvelles actions, elles peuvent être émises au-dessus du pair ; que s'il s'agit au contraire, d'émettre des actions d'une nouvelle société l'émission doit se faire au pair, suivant Ottolenghi, parce qu'autrement cela serait attribuer aux fondateurs des avantages défendus par l'art. 127 du code. »

---

(1) *La société anonyme en droit italien*, dont nous avons rendu compte dans la *Revue de droit commercial*, 1887, n° d'août.

Le code commerce allemand stipule, d'une façon formelle dans l'article 207, § 3 que « le montant nominal des actions ou coupures d'actions ne peut être demandé ni augmenté pendant la durée de la société. »

La déclaration des fondateurs prescrite par le § 3 de l'article 1ᵉʳ de la loi de 1867 et dont nous venons de parler, devra être soumise, plus tard, à l'examen de la première assemblée générale ; jusqu'ici, nous ne nous sommes occupés que des actes préliminaires qui accusent le projet d'une société, qui la préparent mais ne la forment pas. Ce n'est qu'autant que les actions ont été souscrites entièrement et versées dans la proportion indiquée par la loi ; et que, de plus, les autres formalités prescrites, pour les assemblées générales et pour la vérification des apports auront été régulièrement observées, que la société pourra être réputée constituée (1).

Des assemblées constitutives.

Jusqu'ici nous ne nous sommes occupés que des actes préliminaires qui accusent le projet d'une société, qui la préparent, mais ne la forment pas. Les fondateurs ont trouvé au moins sept associés ; ils ont fait souscrire tout le capital social ; ils ont effectué en espèces le quart du montant des actions souscrites ; ils ont fait devant un notaire, qui en a dressé acte authentique, la déclaration que le capital était intégralement souscrit et que le quart en avait été versé par les actionnaires ; les pièces exigées par la loi ont été fournies et les justifications données ; il ne reste plus qu'à former la société, dont tous les éléments sont connus, qu'à constater que les opérations qui remplissent cette période préliminaire ont été régulièrement accomplies.

Pour ce faire, va-t-on s'adresser au gouvernement ? — Non.

A l'origine, et d'après l'article 37 du code de commerce, la société anonyme ne pouvait exister qu'avec l'autorisation du

---

(1) Paris, 30 novembre 1881 (*Journal des sociétés*, 1882, p. 431).

gouvernement, et avec son approbation pour l'acte qui la constituait; cette approbation devait être donnée dans la forme
prescrite pour les règlements d'administration publique. La
loi de 1867 abrogea cet article et déclara qu'à l'avenir les
sociétés anonymes pourraient se former sans autorisation.
D'après la loi nouvelle, cette abrogation serait maintenue :
« afin de ne pas créer, en concurrence avec les sociétés fondées dans les conditions du droit commun, une catégorie spéciale de sociétés favorisées par une reconnaissance gouverne-
mentale, dont l'effet nécessaire serait un crédit privilégié » (1).

La plupart des législations étrangères ont, du reste, également aboli l'autorisation de l'État, en matière de sociétés en
commandite ou anonymes par actions. Ainsi, le code de commerce allemand avait conservé l'intervention du gouvernement;
mais une loi du 11 juin 1870 a supprimé la nécessité de l'autorisation administrative; le nouveau code de commerce italien
(promulgué le 31 octobre 1882) a supprimé l'intervention du
gouvernement, qui était obligatoire sous l'empire de son code
de commerce de 1865 ; il en est de même de la législation es-
pagnole (loi du 19 octobre 1869), de la législation autri-
chienne, etc...

Comment donc se forment, se constituent maintenant les
sociétés anonymes ?

Nous trouvons la réponse à cette question dans le paragraphe 2 de l'article 24 de la loi de 1867 qui décide que : « la
déclaration de la souscription du capital et du versement du
quart, faite par le fondateur est soumise, avec les pièces à
l'appui, à la première assemblée générale qui en vérifie la
sincérité, » et dans l'article 25 de la même loi, lequel nous
dit que : « Une assemblée générale est provoquée à la diligence des fondateurs, postérieurement à l'acte qui constate la
souscription du capital social et le versement du quart de ce
capital qui consiste en numéraire. » L'article 25 ajoute :

---

(1) Exposé des motifs du projet de loi, p. 4.

« que cette assemblée nomme les premiers administrateurs ;
qu'elle nomme également, pour la première année, les commissaires ; que le procès-verbal de la séance constate l'acceptation des administrateurs et des commissaires présents à la
réunion et que la société est constituée à partir de cette acceptation. »

C'est seulement après l'acte qui constate la souscription du
capital social et le versement du quart que les fondateurs peuvent convoquer les actionnaires à se réunir en assemblée générale (1), et c'est à la diligence des fondateurs seuls que la réunion est provoquée.

Les fondateurs de la société anonyme remplacent les gérants
de la société en commandite. L'assemblée générale de la société
anonyme remplace, pour la constatation de la souscription du
capital social et du versement effectif du quart de ce capital,
le conseil de surveillance de la société en commandite, sorte
de mission semblable à celle précédemment confiée au conseil d'Etat, lorsqu'il était chargé de surveiller la création des
sociétés anonymes et de vérifier la sincérité de la déclaration
faite par les fondateurs.

Le code de commerce allemand veut également que : « après
la souscription du capital social, une assemblée générale des
actionnaires, sur la base des certificats qui lui sont produits,
constate par un vote que le capital social, est entièrement souscrit et que 10 0/0 au moins, (20 0/0 dans les sociétés d'assurances) sont versés sur chaque action, à moins que le contrat
de société n'ait été signé entre tous les actionnaires et que l'accomplissement de ces conditions ne s'y trouve déjà constaté.
Le vote de l'assemblée doit être constaté par acte judiciaire ou
notarié (art. 209).

L'article 32 de la loi belge sur les sociétés décide aussi que,
« au jour fixé, les fondateurs présenteront à l'assemblée, qui

____

(1) Paris (1re ch.), 2 décembre 1886; *Gazette des Tribunaux*, du 9 décembre, 1886.

sera tenue devant notaire, la justification de l'existence des conditions requises avec les pièces à l'appui. »

Il en est de même en Italie.

Aux termes de l'article 30 de la loi de 1867 : « les assemblées qui ont à délibérer sur la sincérité de la déclaration faite par les fondateurs, aux termes du paragraphe 2 de l'article 24, et sur la nomination des premiers administrateurs et commissaires, doivent être composées d'un nombre d'actionnaires représentant au moins la moitié du capital social. Si l'assemblée ne réunit pas un nombre d'actionnaires représentant la moitié du capital social, elle ne peut prendre qu'une délibération provisoire. Dans ce cas, une nouvelle assemblée générale est convoquée. Deux avis, publiés à huit jours d'intervalle au moins un mois à l'avance, dans l'un des journaux désignés pour recevoir les annonces légales (1), font connaître aux actionnaires les résolutions provisoires adoptées par la première assemblée et ces résolutions deviennent définitives, si elles sont approuvées par la nouvelle assemblée, composée d'un nombre d'actionnaires représentant le cinquième au moins du capital social. »

Enfin, il résulte du deuxième paragraphe de l'article 27 de la loi de 1867 que : « tout actionnaire, quel que soit le nombre d'actions dont il est porteur, peut prendre part aux délibérations avec le nombre de voix déterminé par les statuts sans qu'il puisse être supérieur à dix. »

Les délibérations sont prises à la majorité des voix (art. 29).

Si les résolutions n'étaient pas adoptées dans cette seconde assemblée, la société ne pourrait se constituer.

Du reste, nous nous expliquerons plus longuement à ce sujet, en parlant des assemblées constitutives réunies en vue de l'approbation des apports en nature et des avantages particuliers.

---

(1) Le projet de la nouvelle loi dit dans un *Recueil spécial* qu'il institue pour les publications relatives aux sociétés.

Quelle est la mission de cette première assemblée ?

Elle *doit vérifier la sincérité de l'acte notarié contenant la déclaration faite par le fondateur, de la souscription du capital social et du versement du quart, déclaration à laquelle sont joints, annexés, la liste des souscripteurs, l'état des versements effectués et les statuts.* Les actionnaires peuvent donc vérifier, avec les pièces à l'appui, si la déclaration faite par le fondateur est sincère. Il est regrettable que, le plus souvent, les actionnaires se contentent de donner leur approbation à la communication qui leur est faite sans vérifier la sincérité des déclarations des fondateurs et sans se rendre compte de la réalité des souscriptions et du versement effectif du quart sur le montant des actions souscrites.

Dans certaines circonstances (1), « on fait apparaître devant les commissaires, chargés de vérifier si le quart a été réellement versé, des piles d'écus ou des billets de banque ; on les compte, on les nombre et en présence de cette exhibition, les commissaires croient de bonne foi, sont absolument convaincus que le quart a été versé. Or il est arrivé plus d'une fois que les écus et les billets dont il s'agit jouaient le rôle de figurants de théâtre, c'est-à-dire qu'une fois la comédie jouée, ils rentraient dans la coulisse. On les avait empruntés pour la circonstance ; quand la cérémonie était accomplie, on remisait écus et billets, non pas dans la caisse de la société, mais dans la caisse de la personne qui les avait prêtés pour cette exhibition » ; — ou encore : « un banquier, qui était chargé de recevoir les souscriptions, créditait la société à venir des sommes qu'il déclarait avoir été remise entre ses mains ; alors tant valait le banquier, tant valait la déclaration ».

Pour obvier à cet état de choses, on avait d'abord pensé à obliger les fondateurs à déposer les espèces dans une caisse publique. Mais le représentant de la Caisse des dépôts et consignations et celui de la Banque de France ont déclaré qu'ils

---

(1) Déclarations faites au Sénat par le rapporteur, séance du 30 octobre 1884.

ne voulaient pas de ces dépôts, parce qu'au moment du retrait, soit que la société se constituât, soit qu'elle ne se constituât pas, il naîtrait une foule de difficultés. C'est alors qu'on a cherché à garantir le mieux possible les intérêts de ceux qui, de bonne foi, apportent leur argent dans les sociétés anony‑mes.

« Pour leur donner une sécurité complète (1), quelques personnes ont pensé que les déclarations des fondateurs et les pièces justificatives devra ent toujours être soumises à l'appréciation d'experts, qui seraient nommés par le président du tribunal de commerce, et qu'un rapport rédigé par ces experts devrait être soumis à la première assemblée générale. Il n'a pas semblé que cette procédure dût produire d'une façon certaine les résultats qu'on en espérait. On a fait observer que dans la pratique le mandat serait donné à des experts de profession, qui seraient presque toujours les mêmes; que par suite l'intention du magistrat appelé à les désigner ne serait pas attirée d'une façon spéciale sur le détail des opérations qui leur seraient confiées. En admettant que ces experts fussent toujours capables et honnêtes, ne seraient-ils pas amenés par l'habitude à considérer l'accomplissement de leur mandat comme une simple formalité, et à s'en rapporter trop facilement, sinon trop aveuglément, aux déclarations des fondateurs? Dans ce cas, serait-il prudent de dégager la responsabilité des fondateurs, qui se trouveraient couverts par le rapport des experts? »

Il était à craindre que ce mode de procéder fût sans sanction ou qu'il fût l'équivalent d'une autorisation déguisée, « de telle sorte que ce seraient les experts ou le tribunal homologuant qui deviendraient les arbitres de la formation ou de l'avortement de la société (2), alors que l'intention du législateur est de laisser les sociétés libres de se constituer sans l'intervention d'une autorité quelconque administrative ou judiciaire, à la seule condition de respecter les dispositions de la loi. De plus, cette façon d'agir eut peut-être déplacé les responsabilités; les fondateurs malhonnêtes eussent pu être couverts par l'adhésion des experts, couverts même contre le dol et la fraude, et eussent pu abuser, dans leurs publica-

---

(1) Rapport de M. Bozérian, *loco citato*, p. 43 et 44.
(2) Exposé des motifs, *loco citato*, p. 21.

tions, de cette adhésion obtenue par leurs manœuvres, nouveau moyen pour eux d'attirer et de tromper le public. Le système de l'expertise obligatoire a donc été abandonné.

Toutefois, comme il était indispensable de donner aux actionnaires des garanties contre des erreurs ou des fraudes, il a paru juste au Sénat, (adoptant sur ce point le projet du gouvernement), lorsque des doutes s'élèveraient dans l'assemblée générale soit sur la réalité du versement du quart, soit sur l'exactitude de l'évaluation des apports en nature, il lui a paru juste, disons-nous, d'autoriser *facultativement* que, — lors de la première assemblée qui doit vérifier la sincérité de l'acte qui constate la souscription du capital et le versement du quart de ce capital, si la demande était faite par le quart des actionnaires présents, — la sincérité de la déclaration des fondateurs fût soumise à l'appréciation d'un ou de trois experts nommés par le président du tribunal de commerce du lieu où le montant des versements a été déposé (1).

En raison même du caractère exceptionnel de la mesure, on a pensé que l'attention des intéressés et celle des magistrats chargés de désigner les experts seraient davantage excitées, de sorte que l'on pourrait espérer arriver plus sûrement, à l'aide de l'expertise facultative, au résultat qu'on désirait qu'à l'aide de l'expertise obligatoire (2).

Du moment que la demande serait présentée par le nombre sus-indiqué d'actionnaires présents, le président du tribunal de commerce du lieu où le montant des versements a été déposé serait tenu d'y faire droit.

Enfin, pour rendre efficace cette mesure nouvelle, le projet de loi décide que le rapport des experts serait imprimé et distribué à chaque actionnaire, dix jours au moins avant la réunion qui devra statuer sur la sincérité de la déclaration des fondateurs. Il ne suffirait pas qu'il fût simplement mis à la dis-

---

(1) Le projet du gouvernement n'avait pas indiqué le président du tribunal de commerce compétent.

(2) Déclaration du rapporteur devant le Sénat, séance du 30 octobre 1881.

position des actionnaires, il faudrait qu'il fût imprimé et dis-
ribué à chacun d'eux.

Nous estimons que bien des fraudes seraient évitées de la
sorte et que le nombre des victimes, faites par les sociétés, serait considérablement diminué ; aussi serait-ce, avec plaisir,
que nous verrions ces dispositions admises par la loi nouvelle
sur les sociétés.

Faisons observer, en terminant ce chapitre, que si un acte
notarié, contenant les statuts d'une société anonyme et signé
de tous les associés, constatait que le capital social a été souscrit et le quart versé, que les premiers administrateurs ont
été nommés et qu'en conséquence la société est constituée, il
n'y aurait pas lieu de réunir une assemblée générale constitutive (1).

Aucune responsabilité ne découle pour les souscripteurs ori-
ginaires de la vérification faite par eux dans l'assemblée constitutive, la loi ayant limité la responsabilité aux administrateurs coupables de négligence et aux fondateurs auteurs de
déclarations inexactes ; les souscripteurs ne sauraient donc
être responsables qu'en cas de dol ou de fraude (2). En outre
de sa mission de vérification, la première assemblée nomme
ainsi que nous allons le voir les premiers administrateurs et
les premiers commissaires.

Premiers administrateurs et premiers commissaires.

« L'assemblée constitutive, dit l'article 25 de la loi de 1867,
nomme les premiers administrateurs ; elle nomme également,
pour la première année, les commissaires, institués par l'article 32 (3). Ces administrateurs ne peuvent être nommés pour

---

(1) Tribunal civil de la Seine, 20 octobre 1881 (*Journal des Sociétés*,
1884, p. 115. Voyez aussi article 209 du code de commerce allemand.

(2) Tribunal de commerce de Lyon, 9 janvier 1883. (*Journ. des Sociétés*,
1883, p. 118).

(3) L'article 32 stipule que « l'assemblée générale désigne un ou plusieurs

plus de six ans ; ils sont rééligibles, sauf stipulation contraire. Toutefois, ils peuvent être désignés par les statuts, avec stipulation formelle que leur nomination ne sera point soumise à l'approbation de l'assemblée générale (1). En ce cas, ils ne peuvent être nommés pour plus de trois ans. Le procès-verbal de la séance constate l'acceptation des administrateurs et des commissaires présents à la réunion. »

Pas de difficultés possibles, si les administrateurs ont été désignés par les statuts et ont déclaré accepter le mandat qui leur était confié, ou encore si les administrateurs et les commissaires nommés sont présents à la réunion. Mais, comment faire s'ils sont absents ? — Cette absence ne peut être un obstacle à la constitution ; aussi pensons-nous que, si les administrateurs ou les commissaires désignés n'assistaient pas à l'assemblée, ils pourraient accepter par écrit ; le président en donnerait acte et mention en serait faite dans le procès-verbal de l'assemblée.

Cette lacune dans la loi de 1867, qui ne prévoit pas le cas d'absence des administrateurs et commissaires, nommés à la première réunion, a été signalé par M. le Guen, sénateur (2), qui a fait voter une modification à l'article 16 du projet de loi, qui serait ainsi conçu : « La société est constituée à partir de l'acceptation des administrateurs et commissaires, constatée, soit par le procès-verbal de l'assemblée, soit par un acte passé devant notaire. »

La nomination des administrateurs et commissaires pourrait être acceptée par un tiers qui se porterait fort pour eux, à charge de la rendre définitive par une ratification ultérieure, avant la constitution de la société (3).

---

commissaires, *associés ou non*, chargés de faire un rapport à l'assemblée générale de l'année suivante sur la situation de la société, sur le bilan et sur les comptes présentés par les administrateurs. »

(1) Ces administrateurs sont désignés sous le nom d'*Administrateurs statutaires.*

(2) Séance du Sénat, 22 novembre 1881.

(3) Paris (3ᵉ ch.), 11 août 1883 (*Journal des Sociétés* 1885, p. 285).

Lorsque les administrateurs sont nommés par les statuts qu'ils ont rédigés et déposés, il est évident que leur acceptation résulte de leur concours à la confection des statuts eux-mêmes.

Dans le cas où plusieurs candidats se trouveraient en présence, lors de la nomination des administrateurs et des commissaires, la majorité relative suffirait pour la validité du vote, à moins de clause contraire dans les statuts (1) ; s'il y avait des abstentions, ces abstenants devraient être considérées comme opposants.

« Les administrateurs, dit l'article 26 de la loi de 1867, doivent être propriétaires (au moment de leur acceptation) d'un nombre d'actions déterminé par les statuts. Ces actions sont affectées en totalité à la garantie de tous les actes de la gestion, même de ceux qui seraient exclusivement personnels à l'un des administrateurs. Elles sont nominatives, inaliénables, frappées d'un timbre indiquant l'inaliénabilité et déposées dans la caisse sociale. »

Constitution définitive de la société.

« La société, dit le dernier paragraphe de l'article 25 de la loi de 1867, est constituée à partir de l'acceptation des administrateurs et des commissaires. » Les tiers et les associés seront avertis de la constitution par les publications et les dépôts qui doivent être faits, ainsi que nous le verrons plus loin.

La loi nouvelle serait plus exigeante.

De grandes difficultés se présentent en effet lorsque, postérieurement à la constitution de la société, on arrive à découvrir que, par suite de l'omission de certaines formalités ou de l'irrégularité de leur accomplissement, cette constitution est entachée de vices qui peuvent être une cause de nullité (2).

---

(1) Tribunal de commerce de la Seine, 29 juin 1870. (*Revue de droit commercial*, 2ᵉ partie, 1873, p. 94.)

(2) Rapport de M. Bozérian, *loco citato*, p. 51.

D'après les textes de la loi de 1867, tels qu'ils sont interprétés par la jurisprudence, la nullité encourue n'admet pas de remède, le vice étant concomitant à la constitution ; la réparation postérieure ne peut donner la vie à ce qui n'a vécu qu'en apparence (1), et la dissolution est le seul remède efficace.

Préoccupé de cette situation, le Sénat a imposé une dernière formalité et rédigé ainsi l'article 16 du projet de loi nouvelle : « La société est constituée à partir de l'acceptation des administrateurs et commissaires...... sous la réserve suivante : les commissaires doivent immédiatement après leur nomination vérifier si toutes les dispositions contenues dans la loi ont été observées ; s'ils constatent l'inobservation d'une ou de plusieurs de ces dispositions, ils doivent, avant qu'aucune opération sociale ait été commencée, mettre les administrateurs en demeure de s'y conformer et de convoquer à bref delai la réunion d'une assemblée générale à laquelle il sera rendu compte et demandé une approbation nouvelle ; dans ce cas, la société n'est définitivement constituée qu'après cette approbation. »

Mesure excellente, qui est l'application pure et simple, aux sociétés anonymes par actions, des dispositions de l'article 6 de la loi de 1867 touchant les sociétés en commandite par actions, article ainsi conçu : « Ce premier conseil (conseil de surveillance, composé de trois actionnaires, nommé par l'assemblée générale des actionnaires, immédiatement après la constitution définitive de la société et avant toute opération sociale), doit, immédiatement après sa nomination, vérifier si toutes les dispositions de la loi ont été observées. • Mais laissons parler le rapporteur pour justifier l'innovation proposée :

« Lorsqu'il s'agissait, dit-il d'une société en commandite par actions, les choses se passaient de la façon suivante : la loi portait, la loi nouvelle porterait encore, que la société n'est constituée que lorsque les commissaires nommés par l'assemblée générale se sont assurés que toutes les formalités exigées par la loi ont été remplies ; ce n'est qu'après cette déclaration faite par les com-

---

— 44 —

missaires que l'on peut proclamer la constitution définitive de la société. Or, par un oubli, très vraisemblablement, rien de pareil n'existait pour les sociétés anonymes. De sorte qu'il est arrivé quelquefois qu'on a déclaré la société constituée, alors que des formalités, que l'on pouvait peut-être considérer comme secondaires, n'avaient pas été accomplies. Permettez-moi de citer un exemple.

« Voici ce qui est arrivé, non pas dans une société d'aventure, non pas dans une société véreuse, mais dans une société absolument honorable et qui avait fonctionné pendant de nombreuses années avant de demander l'admission de ses actions à la cote de la Bourse de Paris.

« Vous savez avec quel soin la chambre syndicale des agents de change, avant de permettre cette admission, s'enquiert de savoir si la constitution de la société est régulière, si toutes les formalités ont été accomplies. Or, voici ce qui était arrivé à cette malheureuse société : On avait bien fait la déclaration par devant notaire, mais on avait oublié d'y joindre la liste des souscripteurs. En fait, ces souscripteurs existaient; tout l'argent avait été versé ; il n'y avait eu préjudice pour personne.

« Néanmoins, en présence de cette situation irrégulière, le syndic des agents de change a répondu : Votre société n'a pas été régulièrement constituée, puisque les formalités qui doivent être remplies par devant notaire ont été incomplètement accomplies ; en conséquence, je vous refuse l'admission à la cote officielle. La société a été alors réduite à une cruelle extrémité; elle a été obligée de se dissoudre pour pouvoir se reconstituer légalement. Vous comprenez combien ces changements peuvent entraîner d'inconvénients » (1).

L'article 13 de la loi de 1867 punit d'une amende de 500 fr. à 10,000 fr., les administrateurs qui commenceraient les opérations sociales avant la constitution définitive de la société.

Dépôts et publications.

Les associés qui ont souscrit des actions de la société et qui ont assisté à l'assemblée constitutive connaissent le but de la société, sa durée, les obligations de la société vis-à-vis d'eux et celles qu'eux-mêmes ont contractées tant à l'égard de la société qu'à l'égard des tiers ou créanciers futurs de la société ; mais il est nécessaire que ceux qui traiteront avec la société ne

---

(1) Explications données par le rapporteur, séance du Sénat (1re délibération), 30 octobre 1884.

s'engagent que sciemment, c'est pourquoi la loi impose à toutes les sociétés certaines formalités de publicité : dépôts et publications des actes constitutifs de la société.

Le premier dépôt exigé est celui qui doit être fait au siège de la société. Nous avons vu que l'acte de société, c'est-à-dire les statuts devaient être, d'après l'article 1er de la loi de 1867, annexés à la déclaration de souscription du capital et de versement du quart, et qu'une expédition, s'ils étaient notariés, ou un double s'ils étaient faits sous seings privés, devait rester déposé au siège social; en outre des statuts : 1° une expédition de l'acte notarié constatant la souscription du capital social et le versement du quart; — 2° la liste des souscripteurs; — 3° une copie certifiée des délibérations prises par l'assemblée constitutive, — doivent être affichées d'une manière apparente dans les bureaux de la société, puisqu'il résulte de l'art. 63 de la loi de 1887, que les « pièces déposées (dont nous allons parler) doivent être affichées d'une manière apparente dans les bureaux de la société ». A vrai dire, presqu'aucune société ne répond au vœu de la loi et nous connaissons peu de sociétés à Paris qui affichent les pièces que nous venons d'énumérer.

Deux autres dépôts doivent être faits : l'un au *greffe de la justice de paix du lieu où est établie la société*, l'autre au *greffe du tribunal de commerce* du même lieu (art. 55 de la loi de 1887). Si la société a plusieurs maisons de commerce situées dans divers arrondissements, le dépôt prescrit par l'article 55 a lieu dans chacun des arrondissements où existent les maisons de commerce (art. 59), et dans les villes divisées en plusieurs arrondissements le dépôt peut être fait seulement au greffe de la justice de paix du principal établissement (art. 59, § 2).

Voici les pièces qui doivent, d'après la loi, être déposées tant au greffe de la justice de paix qu'au greffe du tribunal de commerce : 1° un double de l'acte constitutif, s'il est sous seing privé, ou une expédition s'il est notarié; — 2° à l'acte constitutif sont annexées : *a)* une expédition de l'acte notarié constatant la souscription du capital social et le versement du quart; *b)* une copie certifiée des délibérations prises par l'assemblée générale constitutive ; *c*) la liste nominative, dûment certifiée, des souscripteurs, contenant les noms, prénoms, qualités, demeure et le nombre d'actions de chacun d'eux (art. 55 de la loi de 1867). Mais, comme toutes ces pièces ont été annexées à la déclaration faite devant notaire par les fondateurs de la souscription du capital social et du versement du quart, dans la pratique, on dépose une expédition de toutes ces pièces, signée par le notaire (art. 60 de la loi de 1867)

En outre des dépôts voulus par la loi, une autre sorte de publicité est exigée pour les sociétés. Chaque société est obligée de publier dans l'un des journaux désignés pour recevoir les annonces légales : un extrait de l'acte constitutif et des pièces annexées, dont nous avons parlé; cet extrait doit contenir : 1° la raison de commerce ou la dénomination adoptée par la société ; — 2° l'indication du siège social; — 3° la désignation des associés autorisés à administrer et signer pour la société ; — 4° le montant du capital social ; — 5° le montant des valeurs fournies ou à fournir par les actionnaires ; — 6° l'époque où la société commence ; — 7° celle où elle doit finir ; — 8° la date du dépôt fait aux greffes de la justice de paix et du tribunal de commerce.

L'extrait publié doit aussi énoncer que la société est anonyme, quel est le montant du capital social en numéraire et en d'autres objets, quelle est la quotité à prélever sur les bénéfices pour composer le fonds de réserve (art. 56, 57 et 58 de la loi de 1887).

Si la société a plusieurs maisons de commerce situées dans divers arrondissements, la publication a lieu, de même que pour les dépôts, dans chacun des arrondissements où existent les maisons de commerce, et cela quoique l'article 59 ne parle que du dépôt; mais dans les villes divisées en plusieurs arrondissements, la publication peut n'être faite que dans l'un des journaux désignés pour recevoir les annonces légales, car il est rare qu'une ville ait un journal d'annonces légales par arrondissement.

L'extrait des actes et pièces déposés est signé, pour les actes publics par les notaires et pour les actes sous seings privés par les administrateurs des sociétés anonymes (art. 60 de la loi de 1887); mais, généralement, ce sont les notaires qui font les publications et qui signent les extraits.

Le projet de loi adopté par le Sénat a cherché à introduire une innovation importante dans le mode de publicité des sociétés; cette innovation consiste dans la création d'un *Bulletin annexe du Journal officiel*, dans lequel seraient publiés tous les actes et délibérations des sociétés dont le capital est divisé en actions. On sait qu'un pareil recueil existe en Belgique et que l'on trouve ailleurs des institutions analogues, c'est pourquoi, suivant cette heureuse idée, le Sénat a admis le principe de la publication des actes et délibérations des sociétés dans un *Recueil spécial*, qui serait comme un répertoire à consulter par tous ceux qui voudraient se renseigner ; l'actionnaire l'aurait ainsi sous la main en tous lieux, sans être obligé de faire un voyage, d'aller dans les greffes chercher des documents épars, de se présenter au siège social ou de parcourir des collections de journaux. Nous ne pouvons qu'applaudir à cette heureuse innovation.

Le deuxième paragraphe de l'article 56 de la loi de 1867 veut qu'il soit justifié de l'insertion de l'extrait de l'acte constitutif et des pièces y annexées dans l'un des journaux désignés pour recevoir les annonces légales. Cette justification se fait en produisant : « un exemplaire du journal certifié par l'imprimeur, légalisé par le maire, et enregistré dans les trois mois de la date, » et ce, à peine de nullité, aux termes du dernier paragraphe du même article.

La loi n'accorde qu'un mois pour remplir les formalités de dépôts et de publications dont nous venons de parler. L'article 55 de la loi de 1867 dit en effet : « Dans le mois de la constitution de toute société commerciale, un double de l'acte constitutif, s'il est sous-seing privé, ou une expédition, s'il est notarié, est déposé au greffe de la justice de paix et du tribunal de commerce du lieu dans lequel est établie la société... » et l'article 56 ajoute : « Dans le même délai d'un mois, un extrait de l'acte constitutif et des pièces annexées est publié dans l'un des journaux désignés pour recevoir les annonces légales... »

C'est de la constitution de la société, c'est-à-dire de l'acceptation des premiers administrateurs et commissaires, et non de la déclaration du fondateur que le capital est souscrit et le quart versé, ni de l'assemblée constitutive, que part le délai d'un mois fixé par la loi pour les dépôts et les publications.

Comme sanction, la loi édicte la nullité de la société. En effet, elle dit dans le dernier paragraphe de l'article 56 : « les formalités prescrites par l'article précédent (dépôts) et par le présent article (publications) seront observées à peine de nullité de la société, à l'égard des intéressés » ; toutefois elle ajoute que « le défaut d'aucune d'elles ne pourra être opposé aux tiers par les associés. » Le projet de loi nouvelle conserve la nullité de la société.

Une omission même partielle, dans l'extrait publié par les journaux, aurait pour effet de frapper de nullité l'acte de société lui-même. C'est ce qui résulte notamment d'un arrêt de la cour de Dijon, du 22 octobre 1886 (1) :

« En exigeant, dit cet arrêt, l'insertion des mentions relatives au dépôt fait aux greffes du tribunal de commerce et de la justice de paix, ou à l'indication du siège social, dans l'extrait dont la publication est ordonnée par l'article 56 de la loi du 24 juillet 1887, le législateur a voulu que, par la simple lecture de cet extrait et sans avoir recours à des raisonnements toujours susceptibles d'erreurs, les tiers fussent immédiatement et sans hésitation possible mis à même de reconnaître la légalité ou l'illégalité de l'existence de l'être moral avec lequel ils traitaient ; d'où il suit que les mentions dont il s'agit, énumérées en l'article 57 de la loi précitée, sont *toutes substantielles*, *indispensables*, pour assurer la validité de l'extrait dont la publication est prescrite à peine de nullité ; elles forment avec lui un tout indivisible ; et en conséquence leur omission simultanée ou partielle a nécessairement pour effet de frapper de nullité la société qui en est viciée. — Si le législateur n'a pas répété dans l'article 57 cette nullité qu'il venait de prononcer dans l'article précédent contre l'oubli de la publication de l'extrait, c'est

---

(1) *Revue de droit commercial*, 2ᵉ partie, 1887, p. 211.

évidemment parce qu'il a jugé que c'était une répétition inutile, car ici la nullité résulte forcément de la nature des choses; il tombe sous le sens, en effet, qu'après avoir voulu que l'extrait du pacte social fût publié à peine de nullité, il n'a pas pu avoir la pensée d'exonérer de cette peine l'omission des mentions énumérées audit article 47 lesquelles forment la véritable subsance dudit extrait et sans lesquelles il ne saurait exister, ni remplir le but poursuivi par le législateur. »

Ainsi : souscription intégrale du capital social, versement du quart, confection de la liste des souscripteurs, rédaction des statuts, constatation des souscriptions et des versements, assemblée constitutive, nomination et acceptation des administrateurs et des commissaires des comptes, dépôts et publications, telles sont les formalités nécessaires pour parvenir à la formation d'une société anonyme par actions la moins compliquée, c'est-à dire d'une société sans apports en nature.

Nous allons maintenant, indiquer les formalités qu'il faut remplir pour constituer une société anonyme par actions, lorsqu'il a été fait à la société un apport en nature, en représentation duquel il est attribué soit des actions, soit des avantages particuliers.

Des apports en nature.

L'apport en nature peut consister en meubles, biens corporels ou incorporels, en usines, mines, industrie, secret utile, brevet d'invention, concession de travaux même à obtenir, travail personnel, créance sérieuse, voire même en ouverture de crédit (1), ou en apports de créances par des créanciers d'une société en faillite, à la société qui se reconstitue pour acquérir son actif (2).

L'apport que fait un tiers à une société d'immeubles lui appartenant ne constitue pas une vente, mais un contrat d'apport en société, lorsque ce tiers doit recevoir comme équivalent de la valeur de ses immeubles des actions de la société et qu'il ne

---

(1) Charleroi (jugeant consulairement), 26 mars 1879 (*Journal des Sociétés,* 1880, p. 614).

(2) Trib. de comm. Seine, 9 août 1883 (*Revue des Sociétés,* 1883, p. 758).

4

lui est alloué ni retour, ni bénéfice indépendant du bénéfice commun (1).

Il y aurait encore apport en nature, si l'apporteur s'engageait à fournir en deniers l'appoint nécessaire pour en faire correspondre la valeur à celle d'un nombre déterminé d'actions ou bien s'obligeait à garantir le paiement en argent de ce qui pourra manquer sur la valeur attribuée par lui-même à ses apports, d'après la vérification qui en sera faite dans les formes légales (2).

Les apports en nature sont représentés par des titres qui portent la dénomination d'*actions d'apports*, actions qui ont les mêmes droits que les actions en numéraire, soit quant à la part à revenir dans les dividendes et bénéfi..... quant à la part à prétendre sur l'actif social en cas de liquidation.

La faculté de payer en actions des apports en nature a toujours été considéré comme utile pour les sociétés ; et lors de la présentation du projet de loi nouvelle sur les sociétés, cette utilité a été reconnue en ces termes :

« Il est toujours avantageux, dit l'exposé des motifs (3), de payer son créancier avec sa propre monnaie, avec son papier ; ensuite, nombre de sociétés grandes et petites sont fondées par des chefs d'industrie ou des maisons de commerce qui veulent, sans se retirer, limiter leurs risques et ne plus hasarder toute leur fortune dans les entreprises. Ils créent une société à laquelle ils vendent leur usine ou leur maison ; ils restent à la tête des affaires comme directeurs et administrateurs et sont payés avec des actions. De cette façon, la société tire un double avantage : de n'être pas écrasée dans sa fortune, par le paiement en espèces du fonds qu'elle achète ; d'avoir son premier établissement pour rien dans le présent, puisqu'elle ne donne contre une jouissance immédiate que des promesses de dividendes et de parts d'actif ; et cet autre avantage de conserver une direction expérimentée et intéressée autrement que par un traitement fixe indépendant de la prospérité des affaires. Il faut même dire que la plupart des sociétés ne pourraient pas se fonder dans d'autres conditions. »

Les apports en nature peuvent-ils être représentés par des actions libérées soit en totalité, soit en partie et peuvent-ils, en

---

(1) Orléans (audience solennelle), 11 mai 1883 (*Journal des Sociétés*, 1882, p. 45).

(2) Paris (3ᵉ ch.), 3 avril 1884 (*Journal des Sociétés*, 1885, p. 280).

(3) Discours de M. Bozérian. Séance du Sénat (30 oct. 1884).

vertu des statuts, servir à la libération partielle des actions et être imputés soit sur le versement du premier quart, soit sur les versement ultérieurs, jusqu'à concurrence du chiffre normal des actions et les actions d'apports sont-elles assujetties au versement de quart?

Ces diverses questions ont soulevé de vives controverses (1), très bien exposées dans un article (2) qui a précédé l'arrêt de la cour de cassation (ch. crim.), du 15 février 1884. En voici un extrait:

« On a prétendu que délivrer des actions partiellement libérées en représentation des apports, c'était diminuer dans une mesure souvent considérable, le nombre des souscriptions en numéraire et empêcher, par suite, la société de réaliser en son entier le fonds de roulement qui lui est nécessaire .. On ne peut nier, sans doute, que la délivrance d'actions partiellement libérées aux apporteurs en nature n'amoindrisse le premier fonds de roulement de la société; mais est-il bien sûr que le législateur de 1867 se soit préoccupé de la création de ce fonds? D'abord, il faut bien le répéter, la loi ne contient sur ce point particulier aucune disposition... Cette théorie ne parait trouver d'appui sérieux ni dans le texte ni dans l'esprit libéral du législateur de 1867...

« Est-il vrai maintenant que les actions partiellement libérées attribuées à des associés fondateurs en représentation de leurs apports en nature, soient assujetties au versement d'un quart en numéraire? — On a soutenu (Paris, 18 février 1881), que le versement du quart au moins du montant des actions souscrites, imposé à chaque actionnaire par l'article 1er, § 2 de la loi de 1867 impliquait nécessairement l'obligation d'un versement en numéraire. Cette proposition serait indiscutable si toutes les sociétés commerciales par actions ne se constituaient qu'au moyen de souscription en espèces; mais il y a des sociétés qui se forment autrement; par exemple, celles dont l'actif se compose uniquement d'apports en nature. C'est là certainement un type d'association que la loi de 1867 n'a pas prévu, mais qui n'en est pas moins licite. — Soit, dit-on, il existe des sociétés dont les actions ne comportent aucun versement en espèces; mais il en existe d'autres, et ce sont les plus nombreuses, qui ont été constituées à l'aide d'actions de deux sortes: actions souscrites en argent, actions d'apport, et en ce qui concerne ces dernières, il faut distinguer. Si les actions d'apports sont entièrement libérées, elles n'auront point évidemment, à verser un quart en numéraire; que si, au contraire, elles sont partiellement libérées, pour un quart, par exemple, il faudra qu'elles versent un quart en espèces.

---

(1) Paris, 18 février et 4 avril 1881 (*Revue de Droit commercial*, 81, 2, 156, 253 et 421); Amiens, 8 juin 1882 (*Journal des Sociétés*, 1882, p. 645); Paris, 28 avril 1883 et 10 mai 1883 (*Journal des Sociétés*, p. 430); Cassation (ch. crim.), 15 février 1884 (*La Loi*, 3-4 mars 1884).

(2) *Revue de droit commercial*, 1884, p. 65.

« Cette exigence, à l'égard des actions d'apports partiellement libérées, réplique l'arrêtiste, conduit à des résultats au moins singuliers. Elle implique, notamment une différence que rien ne justifie entre les titres d'une même société, titres du même type, émis au même taux, participant aux mêmes avantages et négociables après libération du quart de leur valeur. Pourquoi veut-on que ces titres d'une égale importance, soient, en l'absence de conventions spéciales, assujettis à des versements inégaux ? Pourquoi des actions d'apports, libérées d'un quart comme les actions souscrites en espèces, devront-elles pour devenir négociables, être libérées d'un second quart, c'est-à-dire de moitié ? Où trouver, dans la loi, une disposition qui légitime pareille anomalie ? »

Puis, l'auteur de cet article répond aux arguments tirés des articles 1er, § 2, 4 et 25 de la loi de 1867 et à celui tiré de la compensation (art. 1253 du code civil) : l'apport, dès qu'il a été vérifié et approuvé par l'assemblée générale, n'est-il pas l'équivalent d'un versement en numéraire?

« Ce n'est pas, dit-il, avec juste raison, en vertu d'une compensation légale que l'apport en nature vérifié équivaut à du numéraire. Sans doute, ainsi que l'a dit un arrêt de la chambre des requêtes du 4 mars 1867 (1), la compensation légale peut libérer valablement le souscripteur d'actions qui est le créancier de la société et a sur elle une créance liquide et exigible ; mais, dans notre cas, il s'agit, ce qui est bien différent, de l'actionnaire qui fait un apport en nature. Or, cet apporteur d'un immeuble, d'un matériel, d'un brevet d'invention, n'est pas créancier de la société ; il concourt à la formation du capital social au même titre que l'apporteur d'espèces ; c'est suivant l'expression employée par l'article 4 de la loi de 1867, un associé faisant un apport qui ne consiste pas en numéraire. Voilà la vérité. La délivrance de l'action en échange d'un apport en nature ne doit donc pas être assimilée à un paiement ; cette action ainsi délivrée est un titre qui, juridiquement, ne diffère en rien de l'action souscrite, et représente, comme elle, une part du capital social ; d'où il suit qu'il n'y a pas lieu de parler de compensation légale, pour expliquer comment l'apport en nature vérifié équivaut à un versement en nature... »

Maintenant, cette question n'est plus guère controversée depuis que deux arrêts de la cour de cassation, sont venus reconnaître la validité des actions d'apports partiellement libérées.

Le premier arrêt, de la chambre criminelle, en date du 15 février 1884 (2), a tranché ainsi la question :

« Il résulte du texte même de la loi du 24 juillet 1867, et spécialement de

---

(1) *Revue de droit commercial*, 1868, p. 184.
(2) *Revue de droit commercial*, 1884, p. 65.

l'article 4, que le capital d'une société par actions peut être réalisé au moyen soit d'apports en numéraire, soit d'apports en nature; il suit de là que les actions représentant ce capital peuvent être intégralement libérées par l'un l'autre de ces apports. — Il n'est pas moins certain que ces actions peuvent correspondre, pour partie, à un apport en nature, et pour partie, à un appor en numéraire; la loi ne prohibe nulle part cette combinaison, laquelle n'a d'ailleurs, par elle-même, rien d'illicite, et présente dans certains cas des avantages sérieux. Si l'attribution d'actions partiellement libérées aux associés, qui ont un apport en nature, restreint l'importance de la souscription publique et, par suite, celle du fonds de roulement de la société, cette considération d'un ordre secondaire ne s'appuie sur aucune disposition légale et ne saurait, dès lors, prévaloir sur le principe supérieur de la liberté des conventions. — Il y a donc lieu de reconnaître que la cour d'appel de Paris, en jugeant que des actions libérées d'un quart n'avaient pas pu être valablement attribuées au Comptoir de la Bourse parisienne en représentation de son apport en nature, a faussement interprété les textes de loi sus-visés.

« Cet arrêt, ajoute la cour suprême, n'a pas moins méconnu le sens et la portée des articles 1, 2, 4, 25 de la loi de 1867, en statuant que les actions délivrées au Comptoir de la Bourse parisienne quoique libérées d'un quart par le fait même de l'apport en nature, étaient, de plus, assujetties, préalablement à toute émission, au versement d'un quart en numéraire; il n'existe aucun texte légal qui soumette à des versements inégaux les actions d'une même société, actions émises au même taux, participant aux mêmes charges ou aux mêmes avantages, et qui, d'après l'article 2 de la loi précitée, sont négociables dès qu'elles sont libérées d'un quart. — L'article 1er, § 2, exigeant le versement, par chaque actionnaire, du quart au moins du montant des actions par lui souscrites, n'a pas voulu parler seulement d'un versement en espèces; il a entendu prescrire, comme condition de la formation de la société, la réalisation effective du quart de la valeur de chaque action ; et cette réalisation existe pour l'action attribuée en représentation d'un apport en nature, dès que cet apport a été vérifié et approuvé dans les formes légales. L'apport vérifié équivaut, en effet, à un versement en espèces et doit, au même titre que ce dernier, servir à la libération du quart voulu par le paragraphe 2 de l'article 1er de la loi de 1867. — Si, aux termes de l'article 4 de la même loi, les assemblées générales, chargées de vérifier la valeur des apports, doivent comprendre le quart des actionnaires, et représenter le quart du capital social en numéraire, il faut entendre par là, non point que le quart de tout le capital espèces y devra être représenté, mais que, s'agissant de délibérer sur les apports en nature, à l'exclusion des apporteurs, les actions souscrites en numéraire pourront seules, jusqu'à concurrence du quart au moins, être l'objet d'une représentation. — L'article 25 n'implique pas davantage l'obligation du versement d'un quart en numéraire sur la portion non libérée des actions d'apport; il vise exclusivement la représentation à la première assemblée, des actions souscrites en espèces, cette partie du capital social pouvant seule être réalisée à ce moment, et la question étant alors incertaine de savoir non seulement si les apports recevront l'approbation voulue par la loi, mais encore dans quelle proportion seront libérées les actions données en représentation de ces apports. En décidant que les actions partiellement libérées attribuées au Comptoir de la Bourse parisienne en représentation de son apport à l'Hypothèque foncière, devaient verser un quart en numéraire, et qu'à défaut de ce versement, leur émission constituait une infraction punissable, l'arrêt de la cour de Paris, conclut la cour suprême, a donc faussement interprété, et, par suite, expressément violé les articles de la loi du 24 juillet 1867 susvisés. »

Le second arrêt émane de la chambre des requêtes ; il est en en date du 22 décembre 1886 (1) et a établi définitivement la jurisprudence en rejetant un pourvoi, dans les termes suivants :

« Il résulte du texte même de la loi du 24 juillet 1867, et spécialement de l'article 4, que le capital d'une société par actions peut être réalisé, soit au moyen d'apports en numéraire, soit au moyen d'apports en nature ; il suit de à que les actions représentant ce capital peuvent être intégralement libérées par l'un où l'autre de ces apports.

« Il n'est pas moins certain que ces actions peuvent correspondre pour partie à un apport en nature et pour partie à un apport en numéraire ; la loi ne prohibant nulle part cette combinaison, il y a lieu d'appliquer ici le principe de la liberté des conventions.

« Enfin aucun texte de loi ne soumet à des versements inégaux les actions d'une même société, actions émises au même taux, participant aux mêmes charges et aux mêmes avantages, et négociables dès qu'elles sont libérées d'un quart ; l'article 1er, § 2, de la loi de 1867, exigeant le versement par chaque actionnaire du quart au moins du montant des actions par lui souscrites, n'a pas voulu parler seulement d'un versement en espèces ; il a entendu prescrire comme condition de la formation de la société, la réalisation effective du quart, de la valeur de chaque action, et cette réalisation existe, pour l'action attribuée en représentation d'un apport en nature, dès que cet apport a été vérifié et approuvé dans les formes légales ; l'apport vérifié équivaut, en effet, à un versement en espèces, et doit au même titre que ce dernier, servir à la libération du quart voulu par le § 2 de l'article 1er de la loi de 1867. »

Dans l'avenir, si le projet de loi nouvelle sur les sociétés était adopté, tel qu'il a été voté par le Sénat, la controverse ne serait plus possible, car l'article 7 décide que « *les apports en nature ne pourront être représentés que par des actions libérées en totalité.* »

Voici les raisons qui ont fait admettre cette mesure par la

---

(1) *Revue de droit commercial*, 1887, p. 75.

commission sénatoriale, puis par le Sénat. La commission a pensé qu'alors que, au lieu de remettre à un apporteur cinquante actions entièrement libérées, on lui en remet cent libérées de moitié ou deux cents libérées du quart, on double et l'on quadruple les chances de spéculation. Elle s'est préoccupée aussi de cette considération que la multiplicité des actions partiellement libérées tend à diminuer le nombre des souscripteurs en numéraire (c'est le même argument en face duquel nous nous sommes trouvé plus haut) de sorte que l'on est conduit à demander le capital d'exploitation non à des actionnaires qui ne sont rémunérés que dans la mesure des bénéfices sociaux, mais à des obligataires, vis-à-vis desquels des engagements fermes sont contractés, quelles que soient les destinées de l'entreprise (1).

Hâtons-nous d'indiquer, en passant, une heureuse innovation proposée. D'après le projet de la loi nouvelle : « les actions d'apports en nature ne pourraient être détachées de la souche et n'être négociables que deux ans après la constitution définitive de la société ; pendant ce temps, elles devraient, à la diligence des administrateurs, être frappées d'un timbre indiquant leur nature et la date de cette constitution. »

M. Denormandie voulait que l'on remplaçât ces dispositions par la suivante : « Le porteur est tenu vis-à-vis de la société à toutes les obligations dont le vendeur est tenu vis-à-vis de l'acheteur. » Mais son amendement ne fut pas pris en considération ; voici quelles raisons donna M. Ronjat, au nom de la commission, pour faire rejeter la proposition de M. Denormandie :

« On sait que c'est au moyen des apports en nature, apports qui étaient payés au moyen d'actions partiellement libérées, que les fraudes les plus nombreuses et les plus énormes ont été commises. La commission a donc pensé qu'il était bon que les apports en nature fussent représentés uniquement par des actions entièrement libérées.

« La commission est allée plus loin dans le même ordre d'idées, sous l'empire des mêmes préoccupations. Elle a dit, dans un second paragraphe, que les

(1) Rapport de M. Bozérian, *Loco citato*, p. 41.

actions entièrement libérées, représentative d'apports en nature, resteraient à la souche et ne pourraient être négociées qu'après l'expiration d'un délai de deux années

« La prohibition proposée par la commission est-elle justifiée ? — Il me semble que oui : car, quelles que soient les précautions prises, au moment de la constitution de la société, pour que les apports en nature ne reçoivent pas des estimations exagérées, ces précautions seront bien souvent inefficaces ; la vérification par une assemblée, par des experts n'empêchera pas certaines fraudes de se produire ; elle n'empêchera pas que les apporteurs en nature, qui sont les grands artisans de ces fraudes, n'induisent en erreur les souscripteurs sérieux, ceux qui apportent leurs capitaux et versent réellement en espèces.

« En conséquence, la commission a pensé qu'une dernière précaution était à prendre : c'était de lier pendant un certain délai, un délai de deux ans, les apporteurs en nature, et de leur dire : Malgré la vérification faite par l'assemblée, malgré la vérification faite par les experts, nous n'avons pas en vous une pleine confiance, et nous exigeons que vos actions restent, non pas précisément indisponibles, mais non négociables pendant ces deux ans ; parce que, pendant ce temps-là, si vous n'avez pas fait un apport sérieux, si ce que vous avez apporté ne vaut rien, si vous avez trompé les actionnaires qui versent des espèces, la fraude sera découverte, et alors vous serez soumis à une responsabilité véritablement effective ; de plus, vous ne pourrez pas profiter vous-mêmes de la fraude que vous aurez organisée.

« Par conséquent, les apporteurs en nature ne seront pas tentés, dans la même mesure qu'à présent, de commettre une fraude, en donnant une valeur exagérée à leurs apports, car ils sauront bien que, pendant un délai de deux ans, ils seront soumis à une vérification incessante, et ne pourront en négociant leurs actions, achever, à l'aide de la cession de ces titres, la tromperie commencée ; ils sauront que cette négociation ne sera possible que si, au bout de deux ans, il a été démontré à tout le monde que leurs apports avaient véritablement la valeur qu'ils leur avaient attribuée. Cela nous a semblé, une précaution utile, efficace et absolument nécessaire. »

Voyons maintenant ce que décident les législations étrangères sur la question des apports en nature :

Le code de commerce italien n'accorde aucune action d'apport aux fondateurs ; en effet, l'article 127 dit : « Dans la constitution de la société les fondateurs ne peuvent réserver à leur profit aucune prime, agio ou bénéfice particulier, représenté dans une forme quelconque, par des prélèvements par actions ou par obligations de faveur, ni concéder des commissions en faveur de qui a garanti ou assumé le placement des actions. *Tout pacte contraire est nul.* — Cependant les fondateurs peuvent se réserver une participation, n'excédant pas un dixième dans les profits nets de la société pendant un ou plusieurs exercices, pourvu que ceux-ci n'excèdent pas le tiers de la durée de la société et en tout cas qu'ils n'excèdent pas les cinq ans d'exercice ; mais ils ne peuvent pas stipuler que le paiement ait lieu avant l'approbation du bilan. Encore dans ce dernier cas, faut-il que la réserve de participation aux bénéfices nets de la société, bien qu'acceptée par les souscripteurs, soit approuvée par l'assemblée constitutive.

Le code de commerce allemand de 1886 se contente de dire (art. 209 *b*) : « Si un actionnaire fait un apport destiné à former partie du capital social et ne consistant pas en argent comptant, ou bien lorsque des établissements ou autres objets doivent être repris par la société à former, la valeur de l'apport ou des objets à reprendre doit être fixée dans le contrat de société, qui stipule également le nombre d'actions ou le prix accordé en échange. »

Dans aucune autre législation, nous n'avons trouvé de disposition semblable à celle de la loi française sur la question qui nous occupe.

Des avantages particuliers.

Indépendamment de la rémunération due à ceux qui apportent à une société des choses mobilières ou immobilières destinées à constituer l'actif social, la loi prévoit une seconde rémunération possible, les *avantages particuliers* stipulés soit au profit des fondateurs soit au profit de toute autre personne.

Rien n'est plus juste en effet que de récompenser non-seulement ceux qui ont concouru à la constitution de cet actif, ou qui sans y concourir, ont été les *fondateurs* de la société « qui ont supporté moralement tout le poids souvent fort lourd de la période préparatoire, qui ont conçu l'idée, l'ont mûrie, étudiée sous toutes ses faces (1) », mais encore les *autres* personnes qui rendront ou continueront à rendre ultérieurement des services à la société.

Il faut considérer comme avantage particulier toute stipula-

---

(1) Exposé des motifs, *loco citato*, p. 19.

tion qui, en attribuant à tel ou tel associé une part plus grande dans les bénéfices, romprait, au profit de l'un des associés, l'égalité qui, en principe, doit exister entre tous. Ainsi sont des avantages particuliers : les jetons de présence attribués aux membres du conseil d'administration par les statuts, la stipulation par les fondateurs de la société et à leur profit d'une participation proportionnelle dans les bénéfices. Il en est de même de l'avantage accordé non à un associé mais à une classe particulière d'actionnaires ou d'associés.

La question de savoir si une stipulation des statuts contient ou non un avantage particulier, soumis à la vérification et appréciation, est une question contentieuse dont la solution appartient, non à l'assemblée générale des actionnaires, mais aux tribunaux suivant les règles de droit commun (1).

La rémunération des avantages particuliers consiste, la plupart du temps, dans la délivrance de titres qui, sans être de véritables actions, donnent droit à un tant pour cent, à un tantième dans les bénéfices ; ce sont ces titres auxquels dans le langage usuel on a donné le nom de *parts de fondateurs*. Ces parts ne sont bien entendu négociables qu'après la constitution définitive de la société (2).

La loi de 1867 s'est contentée de reconnaitre la légalité des avantages particuliers et d'indiquer les formalités de vérification et d'appréciation des avantages stipulés, mais n'a point fixé les droits attachés à ce mode de rémunération. Le projet de loi nouvelle sur les sociétés, le faisant passer du domaine de la pratique dans le domaine de la loi, cherche à combler cette lacune, en édictant que : « les avantages consentis aux fondateurs ou à toute autre personne peuvent être représentés par des titres cessibles ou négociables. Ces titres ne donnent droit qu'à une part dans les bénéfices, lesquels, sauf stipulation contraire, sont calculés, après prélèvement d'un intérêt

---

(1) Cassation, 18 décembre 1867 (*Revue de droit commercial*, 1868, p. 416.
(2) Discussion au Corps législatif (séance du 12 juin 1867, *Moniteur* 13 juin, p. 730).

de 5 0/0 au moins, au profit des actions. Doit être considéré comme bénéfice l'actif distribuable, au moment de la liquidation, après remboursément du capital aux actionnaires. »

Ce n'est donc qu'au moment de là dissolution de la société que les porteurs de parts de fondateurs pouraient savoir, avec la nouvelle loi, si oui ou non ils ont droit à quelque chose; tant que la société ne serait pas liquidée, ils n'auraient qu'un droit éventuel.

Il ne faut pas confondre les parts de fondateurs avec les *actions de jouissance*. Les actions de jouissance n'ont pas droit à l'intérêt du capital, quand il a été remboursé à leurs propriétaires, elles ont toutefois droit comme les autres à une *quote part de l'actif* existant au *moment de la dissolution; —* au lieu que les parts de fondateurs n'ont pas droit à cette quote quart; elles n'ont droit qu'à une part dans les bénéfices annuels et dans ceux accumulés et mis en réserve.

La loi belge sur les sociétés accorde, comme chez nous, des avantages particuliers aux *fondateurs*, car, l'article 31 dit que « les souscriptions doivent indiquer les avantages particuliers attribués aux fondateurs. »

Au contraire, le code de commerce italien « refuse, par son article 127, aux fondateurs de réserver à leur profit aucune prime, agio ou bénéfice particulier, représentée dans une forme quelconque par des prélèvements par actions ou par obligations de faveur, ni concéder des commissions en faveur de qui a garanti ou assumé le placement des actions; tout pacte contraire est nul. »

Approbation des apports en nature et des avantages particuliers.

Ces principes une fois établis, voyons quelles sont les formalités requises par la loi pour la constitution définitive de la société, quand, en outre des apports en numéraire, il y a des apports en nature et des avantages particuliers, stipulés dans les statuts.

Nous ne reviendrons pas sur ce que nous avons dit plus

haut, (page 129), touchant les premières formalités requises pour la formation de la société : les statuts ont été rédigés, toutes les actions ont été souscrites ; le quart du montant de chaque action a été versé en espèces ; la souscription et le versement du quart du capital ont été constatés dans un acte notarié, une première assemblée générale constitutive composée du nombre d'actionnaires fixé par la loi a vérifié l'exactitude des souscriptions et des versements. Que reste-t-il à faire ?

A cette question, l'article 4 de la loi de 1867 répond : « Lorsqu'un associé fait un apport qui ne consiste pas en numéraire, ou stipule à son profit des avantages particuliers, *la première assemblée générale fait apprécier* la valeur de l'apport ou de la cause des avantages stipulés. La société n'est définitivement constituée qu'après *l'approbation* de l'apport ou des avantages donnés, par une autre assemblée, après une nouvelle convocation. La seconde assemblée ne pourra statuer sur l'approbation de l'apport ou des avantages qu'après un rapport qui sera imprimé et tenu à la disposition des actionnaires cinq jours au moins avant la réunion de cette assemblée.

Donc, c'est la première assemblée générale constitutive, celle qui est appelée à vérifier l'exactitude des souscriptions et des versements, qui fait apprécier la valeur de l'apport ou des avantages particuliers. Mais par qui doit-elle faire apprécier ces apports ou ces avantages ? — Bien que la loi ne le dise pas, c'est par un ou plusieurs commissaires désignés par cette assemblée.

A ce sujet, il est bon de faire remarquer que la rédaction de l'article du projet de loi, relatif à cette appréciation, est meilleure ; il porte en effet que « la première assemblée générale nomme des commissaires à l'effet d'apprécier la valeur des apports qui ne consistent pas en espèces ou la cause et l'importance des avantages stipulés. »

Nous avons indiqué, lorsque nous avons parlé de l'assemblée appelée à délibérer sur la sincérité de la déclaration faite par les fondateurs, que devait être, conformément à l'article 30 de la loi de 1867, le nombre d'actionnaires requis.

Les commissaires une fois nommés, c'est à eux qu'incombe le soin d'apprécier la valeur des apports en nature et la cause ou l'importance des avantages et, une fois cette estimation faite, de rédiger un rapport qui, d'après la loi, ainsi que nous l'avons vu, doit être imprimé et tenu à la disposition des actionnaires cinq jours au moins avant la réunion de la seconde assemblée générale constitutive.

Il ne faut pas se dissimuler que les commissaires appréciateurs ont une lourde charge et une grande responsabilité, car c'est sur eux seuls que les actionnaires peuvent compter, et ce n'est que leur rapport qu'ils approuvent ; leur sort est donc entre les mains des premiers commissaires.

« Les fraudes les plus colossales, les plus scandaleuses, dit l'exposé des motifs (1) se sont, en effet, produites dans les estimations des apports. La pratique a révélé des majorations incroyables : des usines en ruine, des forêts inexploitables, des mines épuisées en France ou à l'étranger, des brevets d'inventions périmés ou sans valeur, etc... ont été apportés pour des sommes énormes et payés en actions; aussi l'attention du législateur a-t-elle toujours été en éveil sur ce point en 1856, en 1863 et en 1867. Enfin, les faits ont montré que trop souvent la majoration d'apports non estimés se dissimulent sous l'apparence frauduleuse du versement du quart par voie de compensation. On se dispensait de la vérification ordonnée par l'article 4, en feignant de verser le quart; on constituait aussitôt la société qui se rendait acquéreur de l'apport, lequel était payé en compensation du versement simulé. »

Or cette tromperie sur la chose vendue devient un vice irréparable dès que l'estimation, une fois faite, ne peut plus être contestée ou lorsqu'elle a été élucidée, et une cause de préjudice qui pèse sur tout l'avenir de la société.

Aussi est-ce avec raison qu'indépendamment des nullités et responsabilités prévues par la loi de 1867, pour obvier aux majorations d'apports, le législateur, appelé à modifier la loi actuelle, a-t-il combiné le système préventif avec le système répressif, en renforçant les mesures préventives et admis au profit de la société lésée un moyen nouveau de réparation du préjudice subi.

---

(1) *Loco citato*, p. 20.

Le rapport une fois rédigé par les commissaires, une nouvelle convocation est faite par le fondateur pour une seconde assemblée qui doit se tenir cinq jours au moins après le jour à partir duquel le rapport imprimé pourra être mis à la disposition des actionnaires ; la seconde assemblée ne peut donc avoir lieu moins de six jours après la première assemblée.

Cette formalité, ainsi que le délai qui y est attaché, est édictée à peine de nullité — nullité d'ordre public — qui ne peut être couverte par aucune ratification, que, les tribunaux ne peuvent se dispenser de déclarer et qui peut être invoquée par tous les intéressés, même par ceux qui en seraient les auteurs (1), puisque l'article 4, § 2, déclare que « la société n'est (le projet de loi nouvelle dit ne peut être) définitivement constituée qu'après l'approbation des apports ou des avantages donnés par une autre assemblée générale après une nouvelle convocation.

Tous les souscripteurs d'actions, même d'une action unique, tous ceux qui ont ainsi fait confiance aux statuts doivent être convoqués à prendre part et doivent être admis, nous allons le voir, aux assemblées spéciales chargées de la vérification et de l'approbation des apports et des avantages.

La seconde assemblée se réunit : Quelle en doit être la composition? L'article 30 de la loi de 1867 nous répond « Les assemblées qui ont à délibérer..... sur la vérification des apports en nature..... *doivent* être composées d'un nombre d'actionnaires représentant la moitié au moins du capital social. Le capital social dont la moitié doit être représentée pour la vérification de l'apport, se compose seulement des apports non soumis à cette vérification. Si l'assemblée générale ne réunit pas un nombre d'actionnaires représentant la moitié du capital social, elle ne peut prendre qu'une délibération provisoire. Dans ce cas, *une nouvelle assemblée générale est convoquée.*

Donc, chacune d'elles doit se réunir sur une convocation

____

(1) Trib. civ. de Grenoble, 9 mars 1883 (*Journal des Sociétés*, 1884, p. 8).

spéciale et le fait de les réunir par une convocation unique constituerait une irrégularité.

Deux avis, publiés à huit jours d'intervalle, au moins un mois à l'avance, dans l'un des journaux désignés pour recevoir les annonces légales, font connaître aux actionnaires les résolutions provisoires adoptées par la première assemblée et ces résolutions deviennent définitives, si elles sont approuvées par la nouvelle société composée d'un nombre d'actionnaires représentant le cinquième au moins du capital social.

De plus, l'article 27, § 2, veut que « tout actionnaire, quelque soit le nombre des actions dont il est porteur, puisse prendre part aux délibérations avec le nombre de voix déterminé par les statuts, sans qu'il puisse être supérieur à dix », bien entendu tant personnellement que comme mandataire. Les stipulations des statuts touchant le nombre d'actions qu'il est nécessaire de posséder pour être admis aux assemblées générales n'ont point d'application, ici, puisque la société n'est pas encore constituée.

Maintenant, comment procède-t-on au vote? — Les art. 4, § 4 et 28 disent que « les délibérations sont prises à la majorité des voix des actionnaires présents ou représentés », et l'article 4, § 4, dernier alinéa (qui est applicable aux sociétés anonymes, ainsi que l'indique l'article 24) ajoute « cette majorité doit comprendre le quart des actionnaires et représenter le quart du capital social en numéraire. »

Ainsi, trois conditions sont requises pour la validité des délibérations constitutives : 1° Les délibérations doivent être prises par la majorité des actionnaires présents ou représentés ayant voix délibérative. L'article 4, § 5, dit à ce sujet que « les associés qui ont fait l'apport ou stipulé des avantages particuliers soumis à l'appréciation de l'assemblée n'ont pas voix délibérative » et l'article 30 décide de même. Toutefois, si celui qui a fait, dans une société anonyme, un apport en nature, ne peut prendre part au vote sur la vérification de ces apports en son nom personnel, il peut voter comme mandataire d'un autre actionnaire ayant souscrit des actions en numéraire(1)— 2° Cette majorité doit comprendre le quart des actionnaires; mais seulement des actionnaires « souscripteurs d'actions payables en numéraire, abstraction faite des associés réunissant à cette dernière qualité celle d'actionnaires apporteurs (1) » — 3° Cette majorité doit représenter le quart du capital social en numéraire, en suivant le même calcul « attendu, dit l'arrêt dont s'agit, que s'il en était autrement, il serait impossible de constituer une société dont les actions auraient été souscrites en totalité ou en partie, ce qui n'est point interdit par la loi du 24 juillet 1867, par les actionnaires porteurs d'actions d'apport. »

Quels sont les pouvoirs de l'assemblée relativement aux apports ou aux avantages? s'ils lui paraissent exagérés ou excessifs, que pourra-t-elle faire? Refuser! elle en a le droit, c'est ce que nous verrons; mais n'aura-t-elle que le choix entre une acceptation ou un refus? et ne pourra-t-elle pas proposer, accepter des réductions? Il est certain que la loi est formelle et qui, à moins qu'il n'y ait dans les statuts une clause autorisant la majorité de l'assemblée à accepter toutes diminutions sur les apports en nature faits ou les avantages alloués dans l'acte social, les réductions ne pourraient être acceptées que par l'unanimité, non pas seulement de l'assemblée, mais de tous les actionnaires, ce qui équivaudrait à une impossibilité; aussi approuvons-nous, comme indispensable, la disposition insérée dans le projet de loi nouvelle sur les sociétés, aux termes de laquelle, la majorité de l'assemblée, composée d'un nombre d'actionnaires (2) représentant la moitié au moins du capital social, pourrait accepter toute réduction consentie par les fondateurs sur l'évaluation des apports ou sur les avantages stipulés. De la sorte, on éviterait que la société ne puisse se constituer et que les associés ne se trouvent forcés à choisir

---

(1) Paris (1ʳᵉ ch.), 12 janvier 1885 (*Revue de droit commercial*, 1885, p. 71) et Cassation (ch. req.), 9 mai 1888 (*Gazette des Tribunaux* des 11 et 12 mai 1888).

(2) Paris, 13 mars 1862 (Sirey, 62, 2, 61).

entre ces deux extrémités : une acceptation onéreuse ou un avortement regrettable.

Nous applaudirions également au vote de cette autre disposition, suivant laquelle, si l'assemblée s'estimait insuffisamment éclairée et « si le quart des actionnaires présents le demandait, il devrait être procédé à la vérification de la valeur des apports, ainsi que de la cause et de l'étendue des avantages par un ou trois experts désignés contradictoirement avec un délégué des réclamants par le président du tribunal de commerce du lieu de leur siège social, que l'expertise serait poursuivie à la requête de la partie la plus diligente, les frais de cette expertise étant avancés par les fondateurs, sauf recours contre la société si elle se constitue et qu'un rapport imprimé des experts serait tenu à la disposition des actionnaires dix jours au moins avant la réunion de l'assemblée qui doit statuer. »

Si les apports ou les avantages sont approuvés alors, un procès-verbal de la délibération, qui relatera l'approbation des apports ou des avantages, devra être dressé et signé à peine de nullité ; puis on procédera à la nomination des premiers administrateurs et commissaires censeurs, aux publications et aux insertions ainsi que nous l'avons dit, lorsque nous avons traité de la constitution des sociétés anonymes avec apports en numéraire seulement.

Dorénavant, d'après la loi de 1867, la société est constituée et peut fonctionner.

Le projet de loi sur les sociétés est plus exigeant, il déclare bien la société constituée après ces formalités, mais « à moins, dit-il, que les commissaires ne constatent l'inobservation d'une ou de plusieurs dispositions prescrites, auquel cas la société ne sera définitivement constituée qu'après l'approbation d'une assemblée générale convoquée à cet effet. »

Au procès-verbal de l'assemblée sera annexée la feuille de présence exigée par l'article 28 de la loi de 1867, laquelle doit contenir les noms et domiciles des actionnaires et le nombre d'actions dont chacun d'eux est porteur, être certifiée par le bureau, déposée au siège social, et être communiquée à tout requérant.

Un procès-verbal doit constater la constitution définitive de la société. Le seul défaut de signatures sur le registre des délibérations des assemblées générales d'une société anonyme au bas des procès-verbaux portant l'un, reconnaissance de la sincérité de la déclaration par les fondateurs de la souscription du capital social et du versement du quart et nomination des commissaires chargés d'apprécier la valeur des apports ne consistant pas en numéraire ; l'autre, vérification et approbation desdits apports n'entache pas la société de nullité et n'a pas pour conséquence de rendre les fondateurs et administrateurs solidairement responsables de son passif, lorsqu'il n'est pas contesté que les délibérations ont eu lieu réellement dans le sens sus indiqué, lorsque celui qui a présidé les assemblées dans lesquelles sont intervenues, ainsi que le membre de ces assemblées chargé d'en assurer l'exécution, ont dressé concurremment avec les procès-verbaux non signés des actes contenant les mêmes constatations, lorsqu'ils ont signé ces actes, les ont déposés ensuite chez un notaire, et lorsqu'enfin ces mêmes actes qui attestent la constitution définitive de la société et forment preuve régulière de la reconnaissance, de la vérification et de l'approbation des apports, ont été déposés au greffe de la justice de paix, au greffe du tribunal de commerce et publiés conformément à la loi (1).

Toutes les formalités requises par la loi pour l'appréciation et l'approbation des apports en nature et des avantages particuliers le sont à peine de nullité de la société. (Art. 7 et 41 de la loi de 1867.)

Mais, admettons que l'entente n'ait pas pu se faire, qu'arrivera-t-il ? La société ne pourra pas se former ; en effet, l'article 4 est formel : « A défaut d'approbation, la société reste sans effet à l'égard de *toutes les parties.* »

Peut-on revenir sur l'estimation des apports en nature ou

---

(1) Paris (4e ch.), 29 juillet 1880 ; *Journal des Sociétés*, 1881, p. 37.

sur l'acceptation des avantages particuliers? Lorsque l'apport ou l'avantage aura été vérifié et approuvé par l'assemblée générale des actionnaires, l'évaluation dont il a été l'objet est, en l'absence de tout dol ou fraude, définitive à l'égard de toutes les parties et ne peut être modifiée sur de simples présomptions ou indices. Des avantages dont l'exagération serait constatée, devraient même être maintenus, si les fondateurs n'avaient pas eu recours à des manœuvres pour les obtenir, les actionnaires ne pouvant s'en prendre qu'à eux-mêmes de ne s'être pas livrés à un examen sérieux. Cette exagération ne saurait être une cause de nullité (1). L'approbation n'en peut donc être attaquée qu'en cas de dol ou de fraude; c'est, en effet, ce que décide l'article 4, § 7, ainsi conçu : « L'approbation ne fait pas obstacle à l'exercice ultérieur de l'action qui peut être intentée pour cause de *dol* ou de *fraude*. »

C'est aussi ce qu'a jugé un arrêt de la cour de cassation : « Bien qu'il appartienne, dit-il, à l'assemblée générale seule, d'apprécier la valeur d'un apport en nature fait par l'un des associés, cette appréciation ne fait pas obstacle à l'action qui peut être ultérieurement intentée contre les administrateurs pour cause de dol ou de fraude, et notamment lorsque les administrateurs ont dissimulé à l'assemblée générale l'existence des charges qui grevaient l'immeuble apporté en nature (2); lorsque les fondateurs n'étaient pas propriétaires de la chose mise en société (3); lorsque, encore, un immeuble a été apporté, grevé d'une dette hypothécaire laissée à la charge de l'apporteur, quoique la société ait conservé les actions représentant l'apport, si cet immeuble a été ensuite exproprié pour un prix inférieur à la dette (4). »

(1) Cassation, 10 janvier 1881 (D. P. 81.1.161); Lyon 1re ch.), 2 mars 1883; Paris, 10 mars 1883; trib. de comm. Seine, 21 avril 1883 (*Revue des Sociétés*, 1883, p. 356, 434 et 561); Paris (3e ch.. 11 août 1883 (*Journal des Sociétés*, 1885, p. 285).

(2) Cassation (ch. crim.), 6 juin 1885 (*Gaz. des tribunaux* du 21 juin 1885).

(3) Trib. comm. Seine, 22 sept. 1887 (*Revue de droit commercial*, 1887.)

(4) Paris, 9 juillet 1883 (*Revue des Sociétés*, 1883, p. 592).

Mais l'apport n'est pas fictif quand, dans une société formée à la suite de la fusion de deux sociétés, les apports en nature provenant de ces deux sociétés antérieures et possédées en commun par les membres de la nouvelle société dans sa formation, constituent exclusivement le capital social, lequel a été fixé de bonne foi à un chiffre déterminé et représentant exactement l'ensemble des valeurs apportées, bien qu'un certain nombre des actions émises en représentation des dits apports en nature, dût, aux termes d'une clause des statuts légalement publiés, être employés pour acquitter les dettes des deux sociétés antérieures et les frais d'un emprunt reconnu nécessaire.

« Il résulte des constatations de l'arrêt attaqué, a dit à ce sujet la chambre des requêtes (1), que la nouvelle société du Provençal était exclusivement composée d'apports en nature possédés en commun par les associés, et se trouvait affranchie des dispositions de la loi du 24 juillet 1867, relatives à la vérification et à l'approbation des apports; l'article 7 des statuts de cette nouvelle société fixe à 1,800,000 francs le capital social représenté par l'ensemble des valeurs énumérées dans ledit article; cette estimation avait été faite de bonne foi et représentait la valeur réelle des apports; aux termes de l'article 8 des mêmes statuts, pour faciliter entre les associés la répartition de la part revenant à chacun d'eux dans l'ensemble des valeurs mentionnées dans l'article 7, le capital social fut divisé en 3,600 parts ou actions, de 500 francs chacune, qui furent attribuées par tiers à Gaillard, à Duclaux-Monteil et au groupe des actionnaires des pyrites, avec cette condition que 1,500 de ces actions seraient employées pour acquitter les dettes des pyrites et les frais d'un emprunt dont la nécessité avait été reconnue ; ces 1,500 actions étaient, au même titre que les autres, la représentation des apports en nature.

« Le capital d'une société par actions peut être réalisé au moyen d'apports en nature aussi bien qu'au moyen d'apports en numéraire et, par suite, les actions représentant ce capital peuvent être entièrement libérées par l'un ou l'autre de ces apports.

« S'il est dit, dans l'article 8 des statuts, que les 1,500 actions précitées seront employées au paiement des dettes mises à la charge de la nouvelle société, cette clause ne peut avoir pour effet, par son exécution, que de faire passer en d'autres mains (celles des cessionnaires desdites actions) une partie des droits que Gaillard, Duclaux-Monteil et le groupe des actionnaires des pyrites avaient dans le capital social, qui restant toujours

_____

(1) Cassation, 9 novembre 1887 (*Gaz. des Tribunaux* du 13 novembre 1887).

composé, sans nulle distraction, des apports faits en nature et estimés au chiffre de 1,800,000 francs, n'est fictif pour aucune portion.

« D'ailleurs, alors même que le paiement de la cette des pyrites eût dû être prélevé sur le capital social, de façon à en diminuer partiellement le montant, il ne s'ensuivrait pas que ce capital eût été fictif pour partie, puisqu'aucune erreur, quant à ce, n'était possible de la part des tiers, l'arrêt attaqué constatant que la circonstance que la société nouvelle se trouvait grevée du passif dont il s'agit était rappelée soit dans la convention du 21 novembre 1870, soit dans la délibération du 2 novembre 1876, soit dans l'article 9 des statuts régulièrement publiés.

« Par suite, en confirmant le jugement du tribunal civil d'Alais du 5 avril 1881, qui rejette la demande en nullité de la société du Provençal, l'arrêt attaqué n'a pas violé les textes susvisés (art. 1, 4, 24 et 41 de la loi du 24 juillet 1867). — Rejette. »

L'obligation de vérification et d'approbation est applicable à tout apport consistant en autre chose que de l'argent; qu'il s'agisse de meubles, immeubles, biens corporels ou incorporels, etc...; mais la vérification des apports en nature et de l'importance des avantages particuliers ne s'applique qu'aux apports et aux avantages *précédant la constitution* de la société; il n'y aurait donc pas lieu de considérer comme un apport dont la valeur dût être vérifiée et appréciée, l'acquisition d'un immeuble par une société pour un prix à payer, en partie au moyen d'actions à créer, en vertu d'une augmentation de capital social si cette augmentation est statutaire (1).

Les formalités que nous venons d'indiquer sont requises par la loi à peine de nullité de la société (art. 41 de la loi de 1867).

Voyons maintenant comment procèdent certaines législations étrangères.

Si nous étudions la législation italienne, nous trouvons dans l'article 134 du code de commerce italien que « les souscriptions recueillies et le versement indiqué par l'article 131 (trois dixièmes de chaque action du capital en numéraire) effectué, les fondateurs doivent convoquer l'assemblée générale, dans

---

(1) Aix, 9 avril 1867 ; Cassation, 11 mai 1870 (D. P., 70.1.191).

la quinzaine après l'échéance du terme établi suivant les dispositions de l'art. 132 (terme fixé pour faire le versement), à moins que le programme ou le statut ne dispose autrement. L'assemblée : 1° reconnaît et approuve le versement des quotes sociales et la valeur des meubles et immeubles apportés, si elle a été déterminé, autrement, elle nomme un ou plusieurs experts pour en évaluer le prix réel; — 2° discute et approuve le statut de la société, s'il n'a pas été accepté du temps des souscripteurs; — 3° délibère sur la réserve de participation aux bénéfices nets de la société faite par les fondateurs en leur faveur; — 4° nomme les administrateurs dans les sociétés anonymes, s'ils n'ont pas été désignés dans l'acte, auquel furent apposées les souscriptions; — 5° nomme les syndics.» — «Chaque associé, qui déclare dans ladite assemblée générale ne pas être informé suffisamment, peut demander que l'assemblée soit remise à trois jours; si cette proposition est appuyée par des associés souscripteurs d'un quart du capital représenté dans l'assemblée, le renvoi a lieu de droit. Si un terme plus long est demandé, mais pas au delà d'un mois, la majorité décide. Tout délai de plus d'un mois doit être consenti par trois quarts des associés présents (art. 135). »

Le nouveau code italien ne défend pas aux associés qui ont fait des apports en numéraire de voter sur leur approbation. C'est là un oubli fort regrettable.

A propos des apports, l'article 80 du code de commerce italien contient une bonne disposition; d'après cet article, « l'associé qui a apporté à la société une ou plusieurs créances n'est libéré qu'après que la société a obtenu le paiement de la somme pour laquelle l'apport a été fait. Si le jugement n'est pas obtenu par l'éviction du débiteur, l'associé répond de la somme due avec l'intérêt légal depuis le jour de l'échéance, des créances apportées, sauf les dommages-intérêts. — Lorsque la valeur des choses apportées par l'un des associés n'est pas fixée par les contractants, on présume convenu la valeur courante le jour fixé pour la consignation suivant les listes de Bourse ou les

mercuriales du lieu du siège social et, à défaut, suivant le jugement des experts. »

La nouvelle loi allemande de 1870 ne prescrivait pas deux
assemblées successives, dont la première ordonne l'examen des
apports et la seconde statue sur le résultat de cette vérification ; il disait dans son article 209 *b* : « Après souscription du
capital social (dans le cas où un actionnaire fait un apport
qui ne consiste pas en argent comptant), le contrat de
société doit être approuvé par un vote de l'assemblée générale
des actionnaires, *à moins que le contrat de société n'ait été signé
entre tous les actionnaires* (dans ce cas n'est pas besoin d'approbation des apports). La majorité qui approuve le contrat
doit comprendre au moins un quart de tous les actionnaires
et représenter au moins un quart du capital social. *L'associé qui
fait l'apport ou stipule à son profit un avantage spécial n'a
pas droit de vote.* Le vote de l'assemblée doit être constaté par
un acte judiciaire ou notarié. »

Mais, dit M. Bing (1), la loi allemande de 1886 décide, suivant l'article 209 *g*, que : « Les fondateurs doivent exposer
dans une déclaration signé par eux, les circonstances eu égard
auxquelles le montant des sommes accordées en échange des
bons conférés ou acquis leur paraît justifié. Ils *doivent y indiquer notamment les conventions antérieures à l'acquisition par
la société qui s'y rapportaient* ainsi que les prix d'achat et de
revient pendant les dernières années. Les membres du Vors-
land (art. 209 *h*) et de l'aufsischsrath et éventuellement des
réviseurs spéciaux doivent vérifier les stipulations relatives à
l'article 209 *g*, et rédiger un rapport écrit qui sera communi-
qué à l'assemblée générale, laquelle doit réunir une certaine
majorité pour que la société puisse se constituer. »

----

(1) La société anonyme en droit italien.

Des apports en nature par propriétaires indivis.

En cas d'apports en nature par propriétaires indivis, l'article 4 de la loi de 1867 dit que « les dispositions relatives à la vérification de l'apport qui ne consiste pas en numéraire ne sont pas applicables au cas où la société à laquelle est fait ledit apport est formée entre ceux seulement qui en étaient propriétaires par indivis. »

Cette disposition, qui dispense de l'obligation, par les assemblées générales constitutives, de vérifier les apports, au cas où la société à laquelle ils sont faits est formée seulement entre ceux qui en étaient propriétaires par indivis, ne s'applique qu'à un état d'indivision antérieur à la société et ayant une autre cause que la société. Spécialement, cette disposition n'est pas applicable au cas où l'objet apporté n'est devenu propriété commune des futurs sociétaires que par un acte fait en vue de la société elle-même, ne l'ayant précédée que de quelques jours et qui n'aurait pu avoir d'exécution au cas où la société ne se fût pas constituée (1).

La vérification des apports en nature, ne pouvant être faite que par ceux des associés qui constituent un apport en numéraire, est impossible si l'on n'est en présence que de propriétaires prétendus indivis (2). Mais serait nulle, la société anonyme qui aurait été constituée sans vérification des apports effectués en nature par tous les fondateurs déclarés dans les statuts propriétaires indivis, lorsque la propriété de ces apports n'appartenait réellement qu'à deux d'entre eux. Les fondateurs, qui auraient fait ainsi une déclaration d'indivision pour se soustraire à la vérification des apports, seraient responsables et la prescription de cinq ans, prévue par l'article 61 du code

---

(1) Trib. comm. de Marseille, 21 janvier 1881 (*Journal des Sociétés*, 1883, p. 743).
(2) Paris (1e ch.), 14 avril 1883 (*Journal des Sociétés*, 1883, p. 361).

de commerce, en faveur des associés non liquidateurs, ne pourrait pas être opposée aux actions en responsabilité dirigées par eux contre les fondateurs et les administrateurs, cette responsabilité étant basée, suivant les cas, sur les règles du mandat et sur celles du quasi délit (1).

Lorsque l'apport fait à une société anonyme consiste uniquement dans l'actif d'une société en commandite transformée, et que tous les associés sont copropriétaires de cet apport, la constitution de la société anonyme n'est pas subordonnée à la vérification de cet apport, la loi dispensant les sociétés de cette formalité, quand l'apport ne consiste pas en numéraire et que la société est formée entre les seuls apporteurs (2).

L'article 4 susvisé de la loi de 1867 fait suivre ces mots: « qui en étaient propriétaires » de ceux-ci : « *par indivis* », Le projet de loi nouvelle sur les sociétés ne maintient pas ces mots, pensant que la même règle doit être suivie, lorsque les apports, au lieu d'être la propriété indivise des apporteurs, sont leur *propriété personnelle* et lorsque la société est uniquement formée entre les propriétaires respectifs d'immeubles ou autres apports qu'ils mettent en commun, sans recourir à des capitaux étrangers pour la constitution d'un fonds de roulement.

Des mesures préventives sont évidemment nécessaires, lorsqu'il s'agit de protéger les sociétés naissantes contre la rapacité des fondateurs ou des apporteurs, spéculant sur la crédulité, l'ignorance et l'engouement du public; mais, dès que le public n'est plus appelé à entrer dans la société naissante, ces précautions cessent d'avoir leur raison d'être. Toutefois, comme il importe de sauvegarder les intérêts des tiers et ceux des actionnaires qui pourront être appelés à devenir

---

(1) Trib. de comm. de la Seine, 20 mai 1882 (*France judiciaire*, 1881-82, p. 729). — Trib. civ., Seine (1re ch.), 30 juillet 1884 (*Journal des Sociétés*, 1885, p. 27).

(2) Paris (2e ch.), 23 avril 1884 (*Journal des Sociétés*, 1885, p. 184).

associés à la suite d'une souscription ultérieure ou d'une augmentation de capital, il conviendrait, selon nous, d'introduire dans la loi les deux innovations suivantes.

1° La société ne pourrait être valablement constituée qu'après qu'il aurait été procédé à la vérification de la valeur des apports et de l'étendue des avantages par trois experts désignés par le président du tribunal de commerce, au lieu du siège social, à la requête des fondateurs, lesquels devraient se conformer aux appréciations des experts.

2° Les actions représentatives d'un capital versé en espèces par les apporteurs, comme les actions représentatives d'apports en nature ne seraient négociables que deux ans après la constitution définitive de la société, ne pourraient être détachées de la souche et seraient frappées d'un timbre indiquant la nature et la date de cette constitution (1). Voici en quels termes M. le conseiller Monod justifie ces innovations.

Vous savez, dit-il que, dans les cas ordinaires, l'expertise de la valeur des apports est purement facultative. Mais pourquoi, dans le cas où une société est fondée entre propriétaires par indivis ou entre propriétaires qui mettent des immeubles en commun, ne pas rendre cette expertise obligatoire ; pourquoi ne pas exiger que la société ne puisse se constituer qu'après l'évaluation des apports, faite par des experts, étant bien entendu que les apporteurs devront se soumettre à cette évaluation.

Cela donnera-t-il toute sécurité aux tiers ? — Il ne faut pas se faire d'illusion, nous n'avons pas la prétention de croire que les précautions que nous essayons de prendre seront souveraines, qu'elles constituent une panacée universelle ; nous nous bornons à croire que, dans la mesure du possible, que, dans une mesure utile, profitable, nous avons réussi à faire mieux que ce qui avait été fait précédemment. Donc, sous l'empire de ces impressions, nous nous sommes, au point de vue que je viens d'indiquer, associés à la pensée de M. Denormandie. Nous avons adopté cette nouvelle forme de garantie, qui consiste à rendre obligatoire, dans le cas dont il est parlé, l'expertise qui n'est que facultative dans les autres cas.

Ces prescriptions ont d'ailleurs été reconnues utiles par la

---

(1) Séance du Sénat du 22 et 25 novembre 1884 (*Journal officiel* du 23 novembre 1884, p. 1733 et suiv.).

cour de cassation, qu'elle sanctionne par la nullité de la société en cas d'inobservations. Cette expertise *obligatoire* a été, à juste titre, reconnue nécessaire par le législateur pour la sauvegarde des intérêts des tiers qui entrent en relations avec une société où il n'y a eu aucun contrôle exercé par une assemblée générale des actionnaires, reunie dans les conditions ordinaires, où tout ce passe entre gens qui pourraient s'être facilement mis d'accord pour tromper le public (1).

Afin d'éviter que les actions d'apports ne deviennent entre les mains des apporteurs un trop commode instrument de spéculation, on a pensé qu'il conviendrait d'interdire la négociation des titres créés en représentation des apports pendant l'espace de deux ans (2). Ce serait là une excellente disposition; en effet, au bout de ces deux ans, la société ayant vécu, ayant fonctionné, on saura si elle a ou n'a pas distribué de dividende, si elle a ou n'a pas donné de bénéfices; de telle sorte que si les tiers consentent à acheter des titres qui n'ont absolument rien produit, ils le feront à bon escient, n'ayant ainsi aucune raison légitime de se plaindre, attendu qu'ils seront en présence d'une situation de nature à les éclairer.

Les formalités requises pour la nomination des premiers administrateurs et des commissaires-censeurs, ainsi que les dépôts et insertions, sont obligatoires également lorsque la société à laquelle est fait un apport qui ne consiste pas en numéraire, est formée entre ceux seulement qui en étaient propriétaires par indivis.

Dés sociétés à capital variable.

La loi de 1867 a prévu le cas où il serait stipulé dans les statuts d'une société, que le capital social serait susceptible d'aug-

---

(1) Rapport de M. le conseiller Monod (*Gazette des tribunaux*, 28 avril 1886).

(2) Rapport de M. Bozérian, *loco citato*, p. 18 et 19.

mentation par des versements successifs faits par les associés ou par l'admission d'associés nouveaux, et de diminution par la reprise totale ou partielle des apports effectués, aussi décide-t-elle que : « les sociétés dont les statuts contiendront la stipulation ci-dessus, seront soumises, indépendamment des règles générales qui leur sont propres suivant leur forme spéciale, aux dispositions des articles suivants. (Art. 48, § 2 de la loi de 1867.)

Disons de suite, que *toute* société peut être à capital variable, puisque le premier paragraphe de l'article 48 dit que : « il peut être stipulé dans les statuts de *toute* société que le capital sera susceptible d'augmentation... et de diminution... ». Cependant, les sociétés anonymes d'assurances à primes ne peuvent user de cette faculté; aux termes de l'article 1er § 2, du décret du 22 janvier 1868, elles ne peuvent user des dispositions du titre III de la loi du 24 juillet 1867, particulières aux sociétés à capital variable.

Quand la société est à capital variable, le capital social dit l'article 49, ne peut être porté par les statuts constitutifs de la société au-dessus de la somme de 200,000 francs; il peut, cependant, être augmenté par des délibérations de l'assemblée générale, prises d'année en année; chacune des augmentations ne peut être supérieure à 200,000 francs. Quant à la réduction, ce sont les statuts qui déterminent la somme au-dessous de laquelle le capital ne pourra être réduit par les reprises des apports. Dans tous les cas, ajoute l'article 51, § 2, cette somme ne pourra être inférieure au dixième du capital social.

L'article 51 § 3, stipule que la société ne peut être définitivement constituée qu'après le versement du dixième du capital social; et l'article 50 dit que les actions ou coupons (lisez *coupures*) d'actions doivent être nominatifs, même après leur entière libération; qu'ils ne peuvent être inférieurs à 50 fr. (1);

---

(1) Le projet de loi fait descendre le minimum de valeur des actions ou coupures d'actions des sociétés à capital variable à 25 francs.

qu'ils ne sont négociables qu'après la constitution définitive de la société et que la négociation ne peut avoir lieu que par voie de transfert sur les registres de la société, les statuts pouvant donner soit au conseil d'administration, soit à l'assemblée générale, le droit de s'opposer au transfert.

Dans tous les actes, factures, annonces, publications et autres documents imprimés ou autographiés, dit l'article 64 de la loi de 1867, émanés des sociétés anonymes, la dénominale doit toujours être précédée ou suivie immédiatement de ces mots, écrits lisiblement en toutes lettres : *Société anonyme*, et si la société a usé de la faculté accordée par l'article 48, cette circonstance doit être mentionnée par l'addition de ces mots : *à capital variable*.

Toute contravention aux dispositions qui précèdent est punie d'une amende de 50 francs à 1,000 francs.

Sociétés anonymes d'assurances à primes fixes.

En outre des conditions générales requises pour la constitution des sociétés anonymes par actions (1), la loi exige certaines autres formalités quand il s'agit d'une société anonyme d'assurances à primes fixes sur la vie et des sociétés anonymes d'assurances à primes fixes autres que celles sur la vie.

Les sociétés anonymes d'assurances à primes fixes sur la vie, dit l'article 66 de la loi de 1867, restent soumises à l'autorisation et à la surveillance du gouvernement.

Les personnes qui veulent fonder une société d'assurances sur la vie sont tenues d'adresser au conseil d'État un projet de

---

(1) Se reporter à ce que nous avons dit touchant la division du capital, le taux des actions, la souscription du capital, le versement du quart, la négociation des actions, les statuts, la déclaration notariée de souscription du capital et de versement du quart, des assemblées constitutives, de la nomination et de l'acceptation des administrateurs, des censeurs, de la publication et des dépôts des actes sociaux.

leurs statuts; ces personnes et ces statuts sont appréciées et discutés dans le sein du conseil d'État, qui prononce discrétionnairement en autorisant la société ou en lui refusant cette autorisation. Toujours le décret réserve le droit de révocation de l'autorisation en cas de violation ou de non exécution des statuts approuvés, sans préjudice des droits des tiers.

Lorsqu'une compagnie d'assurances a demandé au gouvernement l'autorisation d'exister et que le gouvernement a soumis cette existence à certaines conditions, elle continue à vivre n l r'oii   a été soumise par le décret, car il est intervenu entre l'État et la compagnie demanderesse un véritable contrat, qui est devenu la loi des parties et ne peut être modifié que par le commun accord des parties (art. 1134 du code civil), à moins que les modifications imposées au nom de l'ordre public, contre lequel il n'est pas permis de stipuler (art. 1133 du code civil), ne portent sur des conditions qui ne touchent pas à l'*organisation* même de la société.

Les sociétés anonymes d'assurances sur la vie sont soumises à la fois à l'autorisation et à la surveillance du gouvernement, et à toutes les prescriptions de la loi de 1867. Si le gouvernement accordait par mégarde l'investiture officielle à l'une de ces sociétés dont les statuts seraient établis en violation de la loi, cette autorisation n'empêcherait pas la nullité et les autres sanctions; l'autorisation donnée ne couvrirait pas le vice, car un décret ne peut prévaloir contre l'application de la loi.

Quant aux sociétés anonymes d'assurances autres que celles sur la vie, l'article 66, § 2 dit qu'elles ne peuvent se former sans autorisation. Un règlement d'administration publique en date du 22 janvier 1868 a déterminé les conditions sous lesquelles elles peuvent être constituées.

D'après l'article 1er de ce décret, les sociétés anonymes d'assurances à primes sont soumises aux dispositions des lois relatives à cette forme de société et, en outre, aux conditions ci-après déterminées :

Elles ne peuvent user des dispositions du titre III de la loi du 24 juillet 1867, particulières aux sociétés à capital variable.

La société n'est valablement constituée qu'après le versement d'un capital de garantie qui ne peut, en aucun cas et alors même que le capital social est moindre de 20,000 francs, être inférieur à 50,000 francs ;

Enfin, l'article 3 décide que l'article 3 de la loi du 24 juillet 1867, relatif à la conversion des actions en actions au porteur n'est applicable aux sociétés anonymes d'assurances à primes que si le fonds de réserve est égal au moins à la partie du capital non encore versé et s'il a été intégralement constitué (1).

A. DE CHÊNE-VARIN,
Avocat.

---

(1) Dans une prochaine série de nouvelles études, nous comptons examiner toutes les questions soulevées par le *fonctionnement et l'administration des sociétés anonymes par actions*, comme nous venons de le faire pour leur leur constitution.

JOURNAL

DES

BANQUIERS

DES

AGENTS DE CHANGE

ET DES

SOCIÉTÉS PAR ACTIONS

INDUSTRIELLES & COMMERCIALES

Paraissant tous les mois.

—

FONDÉ EN 1847

—

Abonnement annuel : 12 francs.

Réponses aux questions posées par les abonnés

———

Direction, Administration et Bureau de correspondance

A PARIS

ALFRED CHÉRIÉ, LIBRAIRE-ÉDITEUR

40, Rue Hallé et rue Montmartre, 157

www.ingramcontent.com/pod-product-compliance
Ingram Content Group UK Ltd.
Pitfield, Milton Keynes, MK11 3LW, UK
UKHW022345070726
13614UKWH00003B/1147